EDICT DV ROY,

PORTANT CREATION

des Iaugeurs, Marqueurs, & Contrerolleurs de vin, & autres breuuages & liqueurs.

Ensemble plusieurs Edicts & Declarations sur le fait desdits offices.

A PARIS,

Par FEDERIC MOREL, Imprimeur
ordinaire du Roy.

M. DC. X.

Auec priuilege de sa Maiesté.

HENRY par la grace de Dieu Roy de Fráce, A tous presens & à venir, Salut. Comme feu noſtre tres-honoré Seigneur & pere le Roy dernier decedé , par ſon Edict du mois d'Aouſt , mil cinq cens vingt ſept , euſt pour obuier aux fraudes & abús qui iournellement ſe commettoient à la vente des vins, par le moyen des fuſtailles & tonneaux, de ſçauoir la difference des vins François , & du vin de Bourgongne eſquels les vins eſtoient creuz qui viendroient par les riuieres de Seine, Yonne, Marne, Oiſe, & parties d'enuiron: & pareillement du creu d'autour de Paris, & au deſſouz, ordonné que leſdites fuſtailles & tóneaux ſeroient iaugez & meſurez à la iauge & meſure Françoiſe, ſans toutefois creer, n'eſtablir aucũs iaugeurs és villes & lieux où il eſtoit requis: au moyen dequoy ſe ſont commis & commettent pluſieurs fraudes & abus : à quoy pour le bien , profit & ſoulagement de nos ſubiets ſoit beſoin pouruoir.

Sçauoir faiſons, que nous apres auoir mis ceſte

matiere en deliberation auec les gens de noſtre
priué Conſeil, auons par leur aduis & deliberation ſtatué & ordonné, & par Edict perpetuel &
irreuocable, ſtatuons & ordonnons qu'en chacune des villes eſtans ſur leſdites riuieres de Seine,
Yonne, Marne, Oiſe, & és enuirons, ſeront mis &
eſtablis de par nous iaugeurs de vin en tel nombre que les Iuges Preſidiaux deſdites villes, appellez nos Aduocat & Procureur, & aucuns des plus
notables bourgeois & marchans d'icelles, aduiſe-
ront eſtre requis & neceſſaire qu'il y en ait en chacune reſpectiuement. Et leſquels iaugeurs nous a-
uons creez, erigez, ordonnez & eſtablis, creons,
erigeons, ordonnons & eſtabliſſons par ces preſentes en chef & tiltre d'offices formez pour iauger, meſurer & marquer les fuſtailles & tõneaux
qui paſſeront par leſdites riuieres, leſquels prendront & auront pour ce faire tels & ſemblables
droicts, prerogatiues & preeminéces que les iaugeurs de noſtredite ville de Paris. Auſquels offices ſera par nous preſentement, & cy apres vacation y aduenant, par mort, reſignation ou autrement pourueu de perſonnages capables, idoines & ſuffiſans.

Si donnós en mandement, &c. Donné à Roüen
au mois d'Octobre, l'an de grace 1550. & de noſtre regne le quatrieſme.

Par le Roy.   DV THIER.

mento, decima nona die Martij, anno Domini millesimo quingentesimo quinquagesimo.
Sic signatum, DV TILLET.

Edict par lequel le Roy veut le precedent estre mis à deuë
& entiere execution, nonobstant oppositions ou ap-
pellations, & qu'à luy seul est de pouruoir aux offices
contenues audit precedent Edict.

HENRY par la grace de Dieu Roy de France, A tous nos Iusticiers & Officiers, ou à leurs Lieutenans, salut & dilection. Comme par Edict leu & publié en nostre Cour de Parlemét à Paris, nous ayons erigé maistres iaugeurs & mesureurs de vaisseaux à breuuages en chacune des villes estans sur les riuieres de Seine, Marne, Yonne, Oise, & fleuues y descendans, & aussi és autres villes estans dix lieuës prés, & à l'entour desdits fleuues & riuieres, & tous lesdits offices & estats donnez à nostre tref-cher & bien amé Marc Bechot, graueur de nos monnoyes, en recompense & payement de plusieurs sommes de deniers p nous à luy deuës. Suiuant lequel nostre Edict & don, ledit Bechot auroit fait pouruoir par nous, & voulu faire pouruoir plusieurs personnes en chacune desdites villes ausdits estats & offices des iaugeurs & mesureurs, lesquels ainsi pourueus se seroient voulu faire instituer par nos Iuges & officiers esdites villes, qui auroient par conuenance ou autrement differé proceder ausdites institutions, à

d'appetit & inftigation fans caufe des Maires, Efcheuins & Gouuerneur defdites villes, & d'aucuns Ducs, Comtes, Vicomtes, Barons, & autres Seigneurs & Prelats qui n'ont aucun moyen
d'empefcher l'effect de noftredit Edict & don, &
ne peuuent pretendre droict de creer & pouruoir
à tels offices, & fur ce ont receu plufieurs oppofitions, fur lefquelles fe font meuz plufieurs procez & differens en diuers lieux, tous lefquels procez & differends nous auons depuis euocquez à
nous, & iceux renuoyez à noftre Cour des Aydes
à Paris, où y a plufieurs procez pendás, qui pourroient prendre long traict : & ce pendant noftredit Edict & don demeurét fans effect, lequel effect
ils deuroient faire fortir à tout le moins par prouifion, pendant lefdites oppofitions, & iufques à
ce qu'autrement par noftredite Cour des Aydes
& finances aufdits pays en foit ordonné.

1 Sçauoir faifons, qu'apres auoir fait voir derechef en noftre priué Confeil les lettres d'Edict,
creation & erectió defdits eftats & offices de iaugeurs de vaiffeaux à breuuages en chacune defdites villes cy deffus defignees, & les lettres de don
par nous fait d'iceux audit Bechot, & ayant entendu les caufes contenues en icelles, qu'il n'eft
loifible ny permis à aucunes communautez, Colleges, Ducs, Comtes, Barons, Seigneurs, Prelats,
ny autres perfonnes quelconques, pouruoir à tels
offices, fans exprez congé, permiffion ou pareatis
de nous ou de nos predeceffeurs, verifiez par nos
Cours de Parlement & chambre des Comptes à

Paris : ains à nous seul compete & appartient tel
droict, & non à autre. Et ainsi voulans nosdites
lettres d'Edit & don sortir leur plain & entier effect, vous mandons, & à chacun de vous, si comme à luy appartiendra, commandons & tres-expressément enioignons, & de nos grace speciale,
certaine science, plaine puissance & authorité
Royale, commandons que vous ayez à mettre à
deue & entiere execution nosdites lettres d'Edict
& don, & toutes autres commissions ia expediees
sur icelles audit Bechot de poinct en poinct, selon leur forme & teneur, & suiuant icelles faites
par prouision, iusques à ce qu'autrement par nostredite Cour des Aydes audit Paris en soit ordóné, iouyr chacun en vostre endroict, iurisdiction
& ressort plainement & entieremét ledit Bechot,
ou les pourüeus de par luy ausdits estats & offices,
& à l'institution, exercice & iouyssance d'iceux
selon le contenu desdites lettres d'Edict, nonobstant les oppositions ia faites, & quelconques autres à faire par les communautez desdites villes,
Maires & Gouuerneurs d'icelles, Ducs, Comtes,
Barons, & autres Seigneurs & Prelats quelscon-
ques, & sans preiudice d'icelles pour la diffinitiue
desdites instances, pour lesquelles oppositiós faites ou à faire, & appellations, ne voulons estre
differé pour le regard de ladite prouisió. En con-
traignant par vous & chacun de vous lesdites có-
munautez, Colleges, Maires, Escheuins, Ducs,
Comtes, & autres Seigneurs & Prelats, souffrir
& laisser iouyr par maniere de prouision, comme

it est, & pendant lesdites oppositions, ledit Bechot & autres pourueuz de par luy, par toutes
voyes & manieres deuës & raisonnables, nonobstant cóme dessus, par prise & saisie de leur tem-
porel & biens, detention & emprisonnement de
leurs personnes respectiuement, si mestier est, &
autres voyes deuës & raisonnables, en maniere
que ladite prouision soit executee, & ce sur peine
de s'en pouruoir par ledit Bechot, & lesdits pourueus de par luy ausdits estats & offices, prendre &
s'addresser à vous & à chacun de vous, sur le refus
& delay que voudriez faire pour l'execution entiere de cesdictes presentes pour leurs despens,
dommages & interests par eux soufferts & à souffrir par faute de l'execution d'icelle.

2   Par lesquelles mandons & commandons au
premier nostre Huissier ou Sergent sur ce requis,
faire tous exploicts necessaires pour l'execution
de cesdites presentes, & mesmes tous les adiour-
nemens que ledit Bechot & sesdits pourueuz de
par luy voudront faire faire à l'encontre de vous,
& chacun de vous pour le refus ou delay de proceder à l'execution entiere d'icelles en nostredite
Cour des Aydes audit Paris, à laquelle nous mandons & commandons comme dessus, pouruoir &
faire droict sommairement & de plain ausdits Bechot & sesdits pourueuz, sur le refus & delay fait
de par vous & chacun de vous à l'execution de
cesdites mulctes & amendes : & aussi contre les
parties empeschans l'execution d'icelles, comme
infracteurs & transgresseurs de nosdits Edict &

don, & mandement, selon & ainſi qu'il appartiendra, en telle maniere que l'execution de noſdits Ediĉt & don ſoit entierement faite, qu'ils ſor-
tent leur plain & entier effeĉt. Car tel eſt noſtre
plaiſir & vouloir : nonobſtant comme deſſus, &
quelconques lettres impetrees ou à impetrer à ce
contraires.

Donné à Fontainebleau le dixieſme iour de Decembre, l'an de grace mil cinq cens cinquante
trois, & de noſtre regne le ſeptieſme.

Signé, Par le Roy en ſon Conſeil,
    Dv Thier.

---

*Declaration des Ediĉts precedens, par laquelle le Roy veut
que tous les vins, breuuages & liqueurs qui ſeront vendus és villes eſtans ſur les riuieres de Seine, Yonne,
Marne, Oiſe & autres fleuues y deſcendans, ſoient
iaugez & meſurez par iaugeurs à ce commis par le Roy,
ſoit que ladite vente ſoit faite és marchez ou lieux publics, ou en maiſons, & autres lieux priuez.*

HENRY par la grace de Dieu Roy de France,
A tous ceux qui ces preſentes lettres verront,
Salut. Comme dés long temps noſtre feu ſeigneur
& pere euſt fait & ſtatué pluſieurs Edits ſur la difference & iauge des vins du creu de Bourgongne,
l'Auxerrois & François, & ce pour obuier aux
fraudes, deceptions, tromperies & abus qui ſe
commettoient & pouuoiét commettre en laven-
te & debitatió deſdits vins, par faute que les vaiſſeaux

ſeaux & fuſtailles n'eſtoient veuz, viſitez, iaugez
& marquez. Et depuis nous ayons creé & erigé
eſtats & offices de iaugeurs, meſureurs & marqueurs deſdits vaiſſeaux & fuſtailles, és villes e-
ſtans ſur les riuieres de Seine, Yonne, Marne &
Oiſe, & à dix lieuës à l'enuiron deſdites riuieres,
pour voir, viſiter, iauger, meſurer & marquer leſdits vaiſſeaux, tóneaux & autres fuſtailles de tous
vins, breuuages & liqueurs, leſquels ſont empeſchez au fait de ladite viſitation, iauge & marque,
ſouz couleur que l'on veut pretendre leſdits iaugeurs & meſureurs ne deuoir faire leſdites viſita-
tions, iauges & marques, ſ'ils n'en ſont requis :
& quand leſdits vins, breuuages & liqueurs ſont
vendus & debitez en marchez, eſtappes, ports &
lieux publics, & non en maiſons, caues, celiers,
chairs, & autres lieux priuez & particuliers : & par
ce moyen, & eſdits lieux priuez l'on peut commettre les fraudes, tromperies & abus, comme au
precedent. Et outre par tel moyen leſdits offices
& eſtats demeurent inutiles, & les Edicts ſur ce
faits illuſoires & ſans effect, contre nos vouloir
& intentió. A quoy nous voulons pouruoir pour
l'entretenement & conſeruation deſdits Edicts,
eſtats & offices deſdits iaugeurs & meſureurs de
vaiſſeaux, & obuier aux fraudes, tromperies &
abus que l'on pourroit commettre en la vente &
debitatió deſdits vins, breuuages & liqueurs vendus & debitez és maiſons, caues, celliers, chairs
& autres lieux priuez & particuliers.

ı Sçauoir faiſons, qu'apres auoir fait voir leſdits

Edicts, & interpretant, declarant & amplifiant iceux, & mesmes l'Edict fait par nostredit feu Seigneur & pere au mois d'Aoust, l'an 1527. Auons dit & declaré, de nostre certaine science, plaine puissance & authorité Royale, disons, declarons, voulons & entendons, que tous les vins, breuuages, liqueurs, verjus, vinaigres, huiles & auttes qui seront vendus & debitez esdites villes estans sur lesdites riuieres de Seine, Yonne, Marne, Oise, & autres fleuues y descendás, & à dix lieuës à l'entour desdites riuieres & fleuues, & esquelles nous auons puis n'agueres ordonné, creé & erigé estats & offices iaugeurs & mesureurs des vaisseaux, soit que ladite vente ou debitation soit faite en marchez, estappes, ports & auttes lieux publics, ou en maisons, cours, caues, celliers, chairs & auttes lieux priuez & particuliers, & par quelques personnes que ce soient, seront veus, visitez, iaugez & marquez par lesdits mesureurs & iaugeurs, ou leurs commis & deputez en chacune desdites villes auant que pouuoir estre enleuez ou emmenez hors desdits lieux publics ou priuez, sur les peines contenuës audit Edict dudit an 1527. Et nonobstant que par iceluy soit contenu que ladite visitation, iauge & marque ne soit faite par lesdits iaugeurs & mesureurs, si requis n'en sont.

2 Et inhibons & defendons tres-expressément, tant aux vendeurs qu'acheteurs, enleuer ou emmener, laisser emmener ou enleuer desdits lieux, & chacû d'eux lesdits vins, breuuages & liqueurs. Pour faire lesquelles visitations, iauges, mesures

& marques fufdites , voulons & commandons
aufdits iaugeurs, mefureurs & leurs commis &
deputez, aller & eux tranfporter incontinant par
tout ou il appartiendra & befoin fera, & de n'exi-
ger ou prendre aucune chofe defdits vendeurs ou
acheteurs que le droict anciē & accouftumé contenu par fefdits Edicts, fur peine des dommages &
interefts que l'on pourroit fouffrir pour la negligence, demeure ou retardement de faire lefdites
vifitations, iauges & marques, & autres amendes
arbitraires.

Si donnons en mandement, & commettons par
ces prefentes à nos amez & feaux Confeillers les
gens tenans la Cour de nos Aydes à Paris, aufquels auons commis & attribué la cognoiffance
de tous les procez & differens à caufe defdits eftats
& offices de iaugeurs & mefureurs, & à tous nos
autres Iuges, &c. Donné à Fōtainebleau, le vingt-
iefme iour de Decembre, l'an de grace 1553. & de
noftre regne le feptiefme.

Ainfi figné fur le reply ,
   Par le Roy, vous prefent,   BOVRDIN.

*La Cour a ordonné & ordonne de l'exprés mandement
du Roy noftre Sire plufieurs fois reiteré , que fur le reply
defdites lettres fera mis, Leuës & enregiftrees en la Cour
des Aydes.*

Signé ,   LE SVEVR.

*Statuts, ordonnances, priuileges & reglement des trente
quatre iurez vendeurs de vin de Paris.*

CHARLES par la grace de Dieu Roy de France, A tous presens & à venir, Salut. Comme
dés le vingthuictiesme iour du mois de Decembre
dernier passé, nos chers & bien amez les trente
quatre iurez vendeurs de vin de nostre bonne ville de Paris : nous eussent & à nostre priué Conseil
presenté requeste, à ce que nostre bon plaisir fust
auoir pour agreable, & leur confirmer & emolo-
guer certains articles de statuts & ordonnances
conformes aux priuileges & ordonnances de nostredite ville entre eux faites, dressez & accordez
pour la police & reglement de leursdits estats, &
euiter aux entreprises & vsurpations qui s'y font
iournellement, ainsi qu'il est plus au long contenu & declaré par ladite requeste : Laquelle nous
aurions renuoyee auec lesdits statuts & ordonnance y attachees, à nos tres-chers & bien amez
les Preuost des Marchans & Escheuins de nostredite ville, pour sur ce nous donner ou enuoyer
leur aduis, pour iceluy veu, pouruoir ausdits supplians sur le contenu en ladite requeste, ainsi que
verrions estre à faire par raison : ce qu'ils auroient
depuis deuëment fait, & le tout renuoyé par deuers nous auec leurdit aduis.

Sçauoir faisons, que nous voulans bien & fauo-
rablement traicter lesdits supplians, & iceux non
seulement conseruer & garder és anciens priuile-

ges à eux concedez par nos predeceſſeurs Rois,
mais auſſi pour la police, augmentatiõ & decora-
tion de leurſdits eſtats, leur en dóner & octroyer
d'autres, & apres qu'auons fait veoir en noſtredit
priué Conſeil leſdites requeſtes, ſtatuts, & aduis,
le tout cy attaché ſouz noſtre ſeel, auõs par meu-
re deliberation d'iceluy, en continuant & con-
firmant auſdits ſupplians tous & chacuns leurſdits anciens priuileges à eux cõcedez & octroyez
par noſdits predeceſſeurs, dit, declaré & ordóné,
& de noſtre certaine ſcience, grace ſpeciale, plaine puiſſance & authorité Royale, diſons, declarons & ordonnons, voulons & nous plaiſt, que
ſuiuant ledit aduis leſdits 34. iurez vendeurs de
vin de noſtredite ville de Paris, auront vn comptoir ou bureau pres la Greue de ladite ville, cõ-
me ils ont de preſent, où ſera fait l'eſtat, regiſtre
& contreroolle des vins qui ſeront par eux vendus, à fin que les marchans y puiſſent auoir re-
cours pour recouurer l'argent du prix du vin par
eux vendu: pour faire lequel eſtat ſeront par la cõ-
munauté deſdits trente quatre iurez vẽdeurs dudit vin, choiſis chacun an deux d'entre eux des
plus idoines & capables à tenir compte: l'vn deſquels dreſſera l'eſtat & regiſtre deſdites ventes, &
l'autre le contreroolle, le temps & eſpace d'vn an
entier: lequel paſſé & expiré, en ſeront choiſis &
eſleuz deux autres qui exerceront la meſme charge vne autre annee: ainſi que conſecutiuement
ceſt ordre ſera ſuiuy & gardé: leſquels deux vẽdeurs tenans ledit bureau, ſeront tenus durant

B iij

l'annee de leurſdites charges rendre compte de trois mois en trois mois à ladite communauté, du profit qui prouiendra deſdites ventes de vin par eux faites, qui ſera departy egalement entre leſdits 34. vendeurs, comme il eſt: & à fin que leſdits vendeurs ſe reſſentent de leurs peines & labeurs, auront chacun d'eux la ſomme de vingt liures pariſis par an pour leurs ſalaires & vacatiõs, qui ſeront pris ſur tout le blot du profit reuenant deſdites ventes.

Et pour oſter & faire ceſſer tout deſordre & confuſion, leſdits vendeurs ſeront tenus faire leſdites ventes de vin l'vn apres l'autre par rang, & à tour de roolle, ſelon & ainſi que l'ordonnance les y regle : & rapporteront & certifieront ſouz leurs ſeings manuels les ventes qui ſeront par chacun d'eux reſpectiuement faites aux deux nommez à tenir ledit bureau : pour ſur ce dreſſer leurs regiſtres & contreroolle : & d'autant que leſdits vendeurs ſeront tenus auancer le prix de la vente des vins à leurs marchans , ſeront tenus leſdits 34. vendeurs de vin fournir & bailler cõptant en leurdit bureau & comptoir chacun la ſomme de deux cens liures tournois , pour ſatisfaire à leurſdits eſtats & charge , laquelle ſomme de deux cens liures aduenát le decez de l'vn d'eux, ſera rendue à ſes heritiers , auec le profit prouenu deſdites ventes & charges ſuſdites , iuſqu'au iour dudit deceds : auſſi celuy qui ſera pourueu en la place du decedé, remplira ledit comptoir & bureau de pareille ſomme de deux cens liures tournois ez mains des deux qui en auront la charge, à ce que le fonds y demeure entier, & sans diminution pour satisfaire aux marchans pour lesquels ils vendent : & ne pourra aucun estre receu audit estat sans y auoir satisfait.

Si donnons en mandement, &c. Donné à Paris au mois de Feurier, l'an de grace 1567. & de nostre regne le septiesme.

Ainsi signé sur le reply,
Par le Roy en son Conseil.
DE NEVFVILLE.

Leües, publiées & enregistrees, ouy & ce consentant le Procureur general du Roy. A Paris en Parlement, le 14. iour d'Auril, 1567.
Signé, DV TILLET.

Arrest de la Cour entre les vendeurs & contrerooolleurs des vins de Paris, & les marchans de vins.

ENTRE les iurez vendeurs & contrerooolleurs des vins vendus en ceste ville de Paris, demandeurs en execution d'Arrests des neufuiesme Auril, mil cinq cens soixante cinq, auant Pasques, 24. Nouembre, mil cinq cens soixante & quinze, & autres subsequens, donnez en consequence d'iceux, & en contrauention desdits Arrests : le Procureur general du Roy ioinct auec eux : & defendents à l'enterinemét de certaine requeste du 17. iour de Ianuier, mil cinq cens soixante & seize, d'vne part : Et Iacques Blanchon, Anthoine Foucault, Iean Bordier, Adam Heberdeau, Pierre Preud'homme, Nicolas Lambert, Mathurin Oudart & confors, marchans de vins de cefte ville de Paris, & autres que l'on pretend eftre regrattiers, defendeurs à ladite execution d'Arreft, & contrauention à iceux, d'autre.

Veu par la Cour les Arrefts du neufuiefme d'Auril, mil cinq cens foixante cinq, & vingt-quatriefme Nouébre, mil cinq cens foixante & quinze, donné en execution d'iceluy : & autres Arrefts depuis donnez, de l'execution defquels eft queftion : denonciations faites à iuftice par lefdits iurez vendeurs, fur la contrauentió defdits Arrefts, informations faites à la requefte dudit Procureur general, tant en cefte ville qu'en celle d'Auxerre & ailleurs : interrogatoire à eux faits fur lefdites charges : informations faites par aucuns des Confeillers de ladite Cour : Arrefts d'adiournement perfonnel : ladite requefte, de l'enterinement de laquelle eft queftion : Arreft du 17. Ianuier, mil cinq cens foixante & feize, par lequel auroit efté ordonné que maiftre Emond de Laage & François de la garde, Confeillers en icelle, fe tranfporteroient fur les lieux & ports de Greue de cefte dite ville, où on a accouftumé de vendre vin, pour voir & vifiter lefdits ports, & f'informer de la diftinction & feparation d'iceux, tant pour le forain que bourgeois. Procez verbal de ladite vifitation faicte par lefdits Commiffaires fufdits, le vingt-cinquiefme Ianuier, mil cinq cens foixante &

te & seize, contenant les demandes, defenses, re-
pliques & dupliques defdites parties. Enfemble
le dire & remonftrance des Preuofts des Marchans, Efcheuins & Procureur du Roy d'icelle
ville, & le rapport des debacleurs, anciens officiers de ladite ville, auec l'appoinctement d'ouyr
droict donné par lefdits Commiffaires eftant au
bout dudit procez verbal, les Ordonnances de
ladite ville. Autre Ordonnance faicte par le Roy
Iean, l'an mil trois cens cinquante, fur le reglement & police du vin vendu tant fur lefdits ports
de Greue qu'eftapes. Arreft du dixhuictiefme iour
de Iuin, 1576. par lequel auroit efté ordonné que
lefdites informations, interrogatoires & refpon-
fes defdits defendeurs feroient ioinctes au procez
& inftance de ladite requefte. Et auant qu'y faire
droict, ordonné qu'il feroit informé d'office à
la requefte du Procureur general du Roy fur certains faits qui feroiét extraicts d'iceluy, & ce par
deux des Confeillers de ladite Cour, lefquels fe
tranfporteroient tant audit Chaftelet de Paris,
qu'en l'hoftel de la ville, pour fur lefdits articles
ouyr les officiers defdits lieux, auec les officiers
du Roy commis au fait de la police, & aucuns
bons notables bourgeois & marchans de ladite
ville, qui pour ce faire feroient appellez, eftre ordonné ce que de raifon. Et ce pendant que lefdits
Arrefts feroient executez, obferuez & gardez, fur
les peines contenuës en iceux, information faite
d'office par maiftre Emond de Laage, & François
de la Garde, fuiuant ledit procez verbal de ladite

information : Conclusions du Procureur general du Roy : requeste presentee à ladite Cour par les maistres iurez chandeliers de ceste ville & fauxbourgs de Paris, le vingt-huictiesme Aoust 1576. ordonnee estre mise au sac, & tout consideré :

Dit a esté auant faire droict sur les pretenduës contrauentions faites par lesdits marchans, qu'il sera plus amplement informé. Et ce pendant, & en ayant esgard ausdits Arrests, & iceux executant, & sans preiudice de l'instance pendante en ladite Cour entre lesdits defédeurs & lesdits maistres iurez chandeliers, que ladite Cour a defendu & defend à tous marchans de vins de ceste ville de Paris d'acheter ny faire acheter par personnes interposees ny autrement, directement ou indirectement, pres & és enuirons de ladite ville de vingt lieuës : & specialement és villes de Chartres, Mante, Meulan, Clermont en Beauuoisis, Senlis, Compiegne, Meaux, Melun, Moret, Pluuiers & Estampes : ains leur enioinct aller acheter lesdits vins és endroicts & pays plus esloignez desdites vingt lieuës de ladite ville de Paris, lesquels vins ainsi par eux achetez, ils feront venir en ladite ville incontinét sans seiour, pour y estre védus en gros & en detail. Sçauoir en gros quand ils auront amené leur vin sur le port de Greue, & qu'ils auront declaré à l'hostel de ville leur arriuage, & que c'est pour estre vendu en gros. Auquel cas ils seront comme marchans forains, & subiets au rabais de huictaine en huictaine. Et ne pourront iceux encauer, ains faudra qu'ils de-

meurent ſur ledit port, ſuiuant les Ordonnances
de la ville : & en detail , quand ils auront amené
leurdit vin , Et qu'incontinent ils le feront encauer, ſans le laiſſer ſur ledit port , ny l'expoſer en
vente ſur iceluy. Auquel cas le feront deſcendre
au port de ſainct Paul ou des Celeſtins, ſans le faire deſcendre au port de Greue. Auquel port de
Greue ladite Cour enioinct auſdits marchans de
vins faire deſcendre tout le vin qu'ils voudront
vendre en gros, à peine de confiſcation d'iceluy,
ſ'il ſe trouue que leſdits marchans en ayent fait
deſcendre au port du Louure ou ailleurs. Et lequel port de Greue leur ſera commun auec les
marchans forains. A la charge toutesfois d'vne
diſtinction & ſeparation qui ſera faite : à ſçauoir
que leſdits marchans forains occupent le haut ou
le bas, le plus commode pour eux, & qu'il ſera aduiſé par le Preuoſt des Marchans & Eſchepins de
ladite ville. Et que leſdits marchans de ladite ville auront banderolles au haut de leurs batteaux
aux armoiries de ladite ville, pour eſtre diſtinguez
& ſeparez deſdits forains : leſquelles banderolles
ils ne pourront oſter, à peine de cent liures pariſis d'améde, ou plus grande ſ'il y eſchet. Ne pourront leſdits marchans ayans ouuert leurs caues
pour faire tauerne, icelles refermer pour quelque
occaſion que ce ſoit , iuſques à ce que tout le vin
eſtant eſdites caues ſoit vendu en detail. Leur a
treſ-expreſſément defendu aller acheter & arrer
leſdits vins ſur le cep , en caues, cuues & pref-
ſouërs , & au parauant que leſdits vins ſoient

prefts à charrier & mener, à peine de confifcation
defdits vins & de punitió corporelle fil y efchet :
& pareillement d'aller au deuant defdits vins de-
ftinez pour eftre amenez en ladite ville de Paris.
Et pour ceft effect feront tenus incontinét qu'ils
feront arriuez exhiber à l'hoftel de la ville leur
lettre de voiture. Leur defend auffi d'acheter aucuns vins fur le port des marchans forains.

Et fi a ladite Cour ordonné & ordonne, que nul
homme de meftier ne fera receu à faire trafic de
vins, qu'il n'abandoune fondit meftier ou eftat.
Et à cefte fin ordonne ladite Cour, que ceux qui
fe voudront mefler de ladite marchandife de vin
feront tenus f'aller infcrire en ladite maifon de
ville, dont fera fait regiftre. Defend pareillement
aux cabarettiers d'aller acheter aucuns vins aux
champs, ains feulement en cefte ville fur le port.
Et defenfe à eux de vendre, finon à certain prix,
qui leur fera prefix à la police. Enioinct la Cour
au Preuoft de Paris & fes Lieutenás, Commiffaires du Chaftelet, Preuoft des Marchans, chacun
pour fon regard, faire obferuer & garder le prefent reglement, foigneufement & diligemment :
Et aufdits iurez vendeurs de denoncer à la Iuftice
les fraudes & monopoles qu'ils defcouuriront au
fait de ladite vente de vins, & faire bon & fidelle
regiftre & contreroolle des vins qui feront amenez pour vendre audit port de Greue: leur defendant de ne faire aucun trafic de vins, fur peine de
priuation de leurs eftats, & de plus grandes fil y
efchet: & pareillement aufdits marchans de faire

l'eſtat de iurez vendeurs.

Fait pareillement defenſes tant auſdits Iurez vendeurs de vins qu'auſdits marchans, de ne pré-dre les fermes des impoſitions qui ſe leuent ſur le vin, ny eſtre aſſociez eſdites fermes, aux peines ſuſdites: Et ſi a condamné & condamne leſdits defendeurs aux deſpens.

Prononcé le quatorzieſme iour d'Aouſt, l'an 1577.   Signé,   DE HEVEZ.

ENTRE Adam Heberdeau, Iaquelin Foucault, Iaques Blanchon, Iean Bordier, Pierre Preu-d'homme, Nicolas Labert, & Mathurin Oudart, marchans de vins, bourgeois de Paris, demãdeurs à l'enterinement d'vne requeſte par eux preſen-tee à ladite Cour le 7. iour du preſent mois de Se-ptembre d'vne part: & les 34. iurez vendeurs & contreroolleurs des vins vendus en ceſte ville de Paris, defendeurs & empeſchans l'enterinement de ladite requeſte d'autre part. Apres que Mathé pour les demandeurs, & du Boille pour les defen-deurs ont eſté ouys, & que Briſſon pour le Pro-cureur general du Roy, a dit qu'il y a icy deux choſes où l'on peut redarguer les deffendeurs de faute: à la premiere, qu'ils ont fait imprimer l'Ar-reſt par eux obtenu le quatorzieſme iour d'Aouſt dernier, ſans permiſſiõ ny ordonnáce de la Cour: & ſ'ils ſ'en veulent couurir par la permiſſion qui leur a eſté donnée de le faire publier à ſon de trõ-

pe,ils ne le peuuent : tacitement la Cour les a de-
boutez de l'impreſſion. A la ſeconde ſont les qualitez que les demandeurs pretendēt eſtre ignomi-
nieuſes en ce qu'elles portent ces mots, pretendus regrattiers : ils ont en cela cauſe d'eux en re-
muer. Et au frontiſpice de l'Arreſt imprimé,où y
a ces mots de reprehenſion, eux diſent qu'ils ſont
notables bourgeois & marchans : & que ſi ces
qualitez demeuroient, celà les tiendroit en en-
uie perpetuelle au peuple:ſur l'eſtime que l'Arreſt
auoit eſté donné pour maluerſatiō qui auroit eſté
trouuée en eux , adiouſtans ladite qualité de pretendus regrattiers , qui ne ſe peut ſouſtenir auant
le procez iugé pour la regratterie. A iuſte occaſion ont preſenté requeſte pour la correction des
qualitez,aymás mieux que l'on mette eux diſans
marchans de vins , ou que les defendeurs ayent
à nommer les regrattiers. Requierent que les Arreſts qui ont eſté leuez,& ceux imprimez ſoient
rapportez , les qualitez reformees , & defenſe
d'imprimer ceſt Arreſt ne autres , où entre les
marchans vn nommé Iean Bordier ſoit compris.
La Cour a ordonné & ordōne pour le bien commun des parties: & à ce que l'Arreſt par elle donné le quatorzieſme du mois d'Aouſt dernier ſoit
entierement executé, portera ces qualitez, Entre Iaques Blanchon, Anthoine Foucaut & conſors,marchans de vins de ceſte ville, & autres que
l'on pretend eſtre regrattiers : & les iurez vendeurs & contreroolleurs,&c. Auquel Arreſt Iean
Bordier ſera compris entre les marchans de vins.

Et en enterinãt la requeste faite par le Procureur general du Roy, fait defenses aux parties & aux Imprimeurs d'imprimer aucuns Arrests sans permission d'icelle. Permet aux iurez vendeurs & contreroolleurs faire imprimer ledit Arrest, qui portera en l'intitulation, Arrest portant reglement d'entre les iurez vendeurs & contreroolleurs de vins vendus en ceste ville, d'vne part: & les marchans de vins de ceste ville, & consors, autres que l'on pretend estre regratiers, d'autre.

Fait en Parlement, le quatorziesme iour de Septembre, l'an mil cinq cens soixante & dixsept. Signé,   DV TILLET.

Edict du Roy, contenant que toutes personnes qui font trafic d'acheter & vendre vin en gros: seront tenus prendre lettres de sa Majesté, pour exercer ledit trafic.

HENRY par la grace de Dieu Roy de France & de Polongne, à tous ceux qui ces presentes lettres verrõt, Salut. Par nostre Edict du mois de Mars, mil cinq cens soixante & dix-sept, & pour les grandes & raisonnables considerations y contenuës, Nous auons reglé le fait & charge des hosteliers, tauerniers & cabarettiers de nostre Royaume, & pour oster les abus, prix excessif, & desordre qui s'y estoit engendré, & depuis continué, ordonné que d'oresnauant nul ne pourroit tenir hostelleries, cabarets & tauernes ordinaires, sans au prealable auoir pris de nous lettres de-

permiſſion, qui ſeroient expediées en tel nombre
& lieux de noſtre Royaume que trouuerons eſtre
requis & neceſſaire: leſquelles lettres de permiſſiõ
ils ſeroient tenus de prendre dedans vn mois a-
pres la publication dudit Edit. Suiuant lequel leſdits hoſteliers , tauerniers , & cabarettiers ont
prins icelles prouiſions , & ſatisfait au contenu
d'iceluy. Neantmoins il a eſté obmis d'y com-
prendre les marchans vendans vin en gros, encore qu'il fuſt plus raiſonnable de leur faire prendre leſdites permiſſions , qu'auſdits hoſteliers, tauerniers & cabarettiers, leſquels achettent le vin
deſdits marchans , pour le vendre par apres en
deſtail en leurs hoſtelleries , tauernes & cabarets.

A ceſte cauſe conſiderant que le trafic dudit vin
ſera mieux reglé & policé, ſi le nombre deſdits
marchans vendans en gros eſt certain & limité
en chacune ville & lieu de noſtredit Royaume,
& ne ſ'y pourroient commettre les abus que l'on
y voit auiourd'huy : Nous auons aduiſé, puis que
leſdits hoſteliers , tauerniers & cabarettiers ont
prins permiſſion , que leſdits marchans vendans
vin en gros, ſoient tenus prendre pareille permiſſion, & par ce moyen ſeront reduits à certain nõ-
bre. Et pour ceſte cauſe, de l'aduis de noſtre Conſeil , auquel ceſt affaire a eſté traicté & meuremét
deliberé, Auons declaré & declarõs, que par iceluy Edict du mois de Mars , nous auons entendu,
& encore entendons auoir compris & compren-
dre tous marchans vendans vin en gros : Voulõs,
ordonnons, & nous plaiſt, que toutes perſonnes
que

qui font & feront cy apres trafic & commerce
d'acheter & vendre vin en gros en toutes les villes & fauxbourgs d'icelles, bourgs, bourgades,
haures, ports de mer & riuieres de noſtre Royaume, feront tenus de prendre de nous lettres de
permiſſió de vendre & trafiquer ledit vin en gros,
dedans vn mois apres la publication de ces prefentes : lefquelles permiſſions feront expediees
aufdits marchans, en tel nombre & lieux de noſtre Royaume que trouuerons eſtre requis & neceſſaire, à perſonnes gens de bien, teſſeans, & de
bonnes mœurs, ayans commoditez & moyens
propres de pouuoir entretenir ledit trafic : fans
que ceux qui le font de prefent, le puiſſent quit-
ter & delaiſſer, qu'ils n'ayent prins de nous ladite permiſſion : ne vendre en gros le vin qu'ils auront, tant en caues, celliers, ports de mer & riuieres, que autres lieux; fur peine de confiscation du
vin qu'ils auront vendu, & d'amende arbitraire,
quelque lettres de permiſſion, ou congé de vendre vin en gros, que lefdits marchans puiſſent
auoir obtenuës de nous, ou d'autre pretendant a-
uoir droict & priuilege de nous ou de nos predeceſſeurs à ceſt effect. Toutes lefquelles permiſ-
fions nous auons reuoquees & reuoquons, fans
que les impetrans ſ'en puiſſent ayder ne feruir, ne
nos Couts & Iuges y auoir efgard, au preiudice
de ces prefentes.

Si donnons en mandement à nos amez & feaux
les gens de nos Cours des Aydes à Paris, que ces
prefentes ils verifient & facent lire, publier, &

D

enregiſtrer, & le côtenu garder & entretenir, ſans
ſouffrir qu'il y ſoit contreuenu en aucune maniere. En teſmoin de ce nous auons fait mettre noſtre ſeel à ceſdites preſentes : Car tel eſt noſtre
plaiſir.

Donné à Paris le troiſieſme iour de Decembre,
l'an de grace 1581. & de noſtre regne le huictieſ-
me.

Ainſi ſigné,   HENRY.

Et ſur le reply,
   Par le Roy,   DE NEVFVILLE.

A coſté,   VISA.

Et ſeellé ſur double queuë en lacs de ſoye rouge
& verte, du grand ſeau de cire verte.

Et ſur ledit reply eſt eſcrit,

*Leu, publié & regiſtré en la Cour des Aydes à Paris,
ouy & ce conſentant le Procureur general du Roy, du
tref-exprés commandement dudit Seigneur, par pluſieurs
fois reiteré, tant par ſes lettres en forme de iuſſion, que
de bouche : & apres auoir ouy les Commiſſaires mandez à
ceſte fin par ledit Seigneur, en ce qui concerne le droiƈt du
gros du vin, iuriſdiƈtion & cognoiſſance de ladite Cour :
A Paris en ladite Cour des Aydes, le ſeizieſme iour de
Feurier, 1582.*

Signé,   PONCET.

Edict de la creation des offices de Iaugeurs & Mesureurs de vins & autres breuuages, és lieux & endroicts où il sera trouué necessaire.

HENRY par la grace de Dieu Roy de France & de Nauarre, A tous presens & a venir, Salut. Encores que tous nos predecesseurs Roys se soient efforcez de faire garder sur tout les loix de la police, & plus exactement que les autres, celles qui concernoient ce qui estoit plus necessaire pour le commun vsage de la vie de l'homme, si est-ce que depuis nostre aduenement à la Couronne, seulement plain de troubles, côme chacun sçait, le desordre y a continué sans y auoir peu iusques à ce iour estre apporté remede, & y augmente le mal encore tous les iours: de telle sorte que s'il n'y est promptemét pourueu, il est à craindre vne confusion en l'obseruation de ladite police, où l'abus & maluersation pullule de iour à autre, & principalement en ce qui concerne la marchádise subiette aux poids & mesures, comme de vins, vinaigres, cidres, bieres, huilles, & autres de ceste qualité: en la vente desquels il se trouue auiourd'huy vne telle confusion, que tel qui estime auoir acheté dix muids de vin ou autres breu uages, y trouue vne grande diminution, & comme tel abus n'ait pris commencement de ce iour, le feu Roy Henry II. par son Edict du mois d'Octobre, 1500. Et le Roy dernier decedé nostre tres-honoré Seigneur & frere, par

D ij

autre Edict du mois d'Auril, 1578. y auoient voulu apporter remede par la creation & establissement de plusieurs offices de mesureurs, iaugeurs de vins & breuuages estans en muids, pipes, bariques, & autres vaisseaux, par l'establissement desquels ils estimoient bien y auoir apporté tout le remede qu'on y pouuoit desirer. Mais au lieu de veoir sortir quelque effect de ces bonnes intentions, la connuence d'aucuns Iuges politiques, & la negligence d'aucuns officiers, auec l'impunité de ceux qui auoient l'intendance desdites polices, qui se sont estudiez à prendre le profit qu'ils en ont peu tirer, à cause que la mesme maluersation qui a esté cy deuant a pullulé & pullule encores plus que iamais, en ce qu'il ne se trouue aucunes pieces iaugees, marquees ny eschantillonnees, ny aucun qui s'entremette de ce faire. Tellement que la creation de tels offices a peu ou point seruy pour le peu d'emolument que l'on auoit attribué à ceux qui estoiét pourueuz desdits offices. Aussi que les Magistrats & premiers Iuges de la police, Preuosts, Escheuins, Capitoulx, Iurats, Consuls, & autres Officiers desdites villes, se sont entremis de pouruoir à telles charges & offices, & en ont disposé comme bon leur a semblé, la plus-part desquels officiers d'autant qu'ils ne nous auoient fait aucun serment, n'ont eu crainte d'enfraindre & de contreuenir à nos Ordonnáces, lesquelles par le laps d'vne si grande tolerance qui s'est toussiours glissee en s'augmentant, se trouuent quasi aneanties & demeurees comme abolies,

pour le regard des mesures & iaugeages de vins,
d'où s'est ensuiuy qu'vn seul muid, pipe ou autre
vaisseau, ne se peut trouuer approchant d'vn se-
ptier de la mesure qu'il deuroit contenir. A quoy
voulans pouruoir, & sur la requeste à nous presentee par les plus apparans marchans de vins de
nostre bonne ville de Paris. Sçauoir faisons, que
desirans soulager nos subiets, les releuer des grandes pertes qu'ils en portent, & apporter vn meilleur ordre pour l'aduenir, cognoissāt qu'vne par-
tie de la faute & abus prouient de ceux qui se sont
entremis esdits estats de iaugeurs, pourueuz de
l'auctorité des Magistrats & Officiers des villes,
& que les autres pourueuz en tiltre d'offices ont
trouué si peu d'emolument esdites charges qu'ils
les ont negligees du tout. Apresauoir mis cest affaire en deliberation, & que par l'aduis de nostre Conseil, il ne s'est trouué meilleur remede que
de supprimer tous lesdits iaugeurs & mesureurs
de tonneaux, pippes, bariques, & autres vaisseaux,
en les remboursant de la finance qui se trouuera
auoir esté par eux payee en nos parties casuelles,
sans fraude ou desguisement, & proceder à nou-
uel establissement d'autres qui seront mieux ap-
pointez. Pour ces causes, & autres bonnes & iu-
stes considerations à ce nous mouuans, Auons de
l'aduis de nostre Conseil, & par cestuy nostre E-
dict perpetuel & irreuocable, supprimé, & de nostre plaine puissance & authorité Royale, supprim-
mons tous lesdits offices de mesureurs, visiteurs
& iaugeurs en toutes les villes & endroicts de no-

ftre Royaume, foit qu'ils foient pourueus de nous
ou de nos predeceffeurs, ou defdits Efcheuins,
Maires, Iurats, Capitoulx, & autres magiftrats,
à condition dudit rembourfement de ce qui aura
efté payé fans fraude en nos parties cafuelles, fi
mieux lefdits pourueuz par nous n'aiment fup-
pleer le prix de la taxe, leur defendant tref-expreffément d'eux immifcer efdites charges de iaugeurs, vifiteurs & mefureurs, à peine de faux, &
d'amende arbitraire, & pour les mefmes caufes
que deffus. Auons de nouueau creé & erigé, creós
& erigeons en Offices formez lefdits eftats de iaugeurs & mefureurs de vins, & vaiffeaux, où fe
mettent, vendét & debitent toutes fortes de breuuages, pour y eftre par nous feulement & non par
autres, pourueu tant à prefent qu'à l'aduenir,
quand vacation y efcherra és lieux & endroicts
où il fera trouué neceffaire & plus cómode pour
l'vtilité de nos fujets, & felon le departement qui
en fera faict en noftre Confeil, pour eftre par lefdits iaugeurs & mefureurs, marquez les vaiffeaux
& fuftailles, de pippes, muids, tonneaux, barriques, & autres, foit qu'elles foient remplies de
vins ou autres breuuages, ou qu'elles fe trouuent
vuides en boutiques de marchands, lefquels iaugeurs, auront & prendront pour chacun muid
douze deniers tournois, & pour chacun efchátil-
lon qu'ils bailleront aux tonneliers cinq fols, &
pour chacune barique vuide fix deniers feulemét.
Et par ce que noftre intention n'eft point tant de
tirer fecours en nos affaires de la finá ce qui pour-

ra prouenir de la vente des Offices, comme d’o-
fter & corriger vn tel & fi grand abus. Nous voulons que tous tonneliers, auant que faire leurs fuftailles neufues ou vieilles, foient tenus prendre
du iaugeur du lieu où ils feront demeurans, efchantillon, felon l’ancienne iauge dudit lieu, qui
fera marqué de fa marque : lequel en leur bail-
lant, les aduertira du Iable que les vaiffeaux doiuent auoir, chacun felon qu’ils feront grands ou
petits:lefquels tonneliers ne pourront befongner
autrement, tellement que les fuftailles par eux
faictes,ne fe trouuans de iauge,bouge & iable rai-
fonnable, elles feront confifquees, & le tonnelier
condamné en l’amende.Et d’autant que plufieurs
fe pourroient trouuer pourueuz defdits Offices
par lettres qu’ils en ont de nous ou de nos predeceffeurs. Nous n’entendons qu’ils foient depoffedez, mais qu’ils foient tenus de payer le fupplément de la finance, pour l’augmentatió du droict
qu’ils prendront pour chacune piece qu’ils iaugeront,qui ne leur eftoient anciennement que de
cinq deniers, lequel nous leur auons augmenté
iufques à douze deniers, felon la taxe qui en fera
faicte en noftre Confeil. Et par ce que les tonnel-
liers, pour frauder le iaugeur de fon droict ne
voudroient poffible aller prendre de luy efchantillon ou bouge, Nous voulons que lefdits iaugeurs puiffent aller és maifons defdits tonneliers,
où fe feront fuftailles, pour les vifiter fi exactement qu’il ne s’en puiffe enfuiure aucun abus, à
peine de s’en prendre à eux en leur propre & pri-

üé nom. Et à ce que cela ne paſſe ſouz ſilence, &
que l'on cognoiſſe d'où viendra la faute & abus,
Nous defendons à toutes perſonnes de quelque
qualité & condition qu'ils ſoient, de vendre ou a-
chepter vins ou autres breuuages, ſinon à la charge de la iauge, & qu'ils ne ſoient iaugez à la iauge
du pays, ſelon la qualité des vaiſſeaux, & marquez
de la marque du iaugeur, & de l'annee, à peine de
cinq eſcus d'amende. Seront pareillement tenus
tous Courretiers, faiſans vendre vins, cidres, &
autres breuuages, d'aduertir les marchands qu'ils
menerôt, de la iauge, & faire iauger les vaiſſeaux,
& iceux marquer auant que les faire enleuer, ſur
peine de pareille amende de cinq eſcus, & d'eſtre
tenus du dechet & defaut en leurs propres & priuez noms.

Si donnons en mandement à nos amez & feaux
Conſeillers les gens tenans noſtre Cour des Aydes, Preſidens, Lieutenans, & Eleuz, & à tous nos
autres Iuſticiers & Officiers qu'il appartiendra,
que ceſtuy noſtre preſent Edict ils facent lire, publier & enregiſtrer, garder, obſeruer & entretenir
ſelon ſa forme & teneur, ceſſans & faiſans ceſſer
tous troubles & empeſchemens au contraire. Car
tel eſt noſtre plaiſir. Et afin que ce ſoit choſe ferme & ſtable à touſiours, nous auons fait mettre
noſtre ſeel à ceſdites preſentes. Donné à Folem-
bray, au mois de Feurier, l'an de grace, 1596. Et
de noſtre regne le ſeptieſme.

Signé, HENRY. Et à coſté, VISA. Et plus
bas, Par le Roy eſtant en ſon Conſeil, FORGET.
Et ſeel-

Et ſeellé du grand ſeau de cire verde en laqs de ſoye rouge & verde.

Leuës, publiées & regiſtrees en la Cour des Aydes, ouy ſur ce le Procureur general du Roy, ſuiuant & aux charges contenuës en l'arreſt du iourd'huy. A Paris, le 15. iour de Mars, 1596. Signé, PONCET.

Extraict des Regiſtres de la Cour des Aydes.

VEV par la Cour les Chambres aſſemblees, les lettres patentes du Roy, en forme d'Edict, donnees à Follenbray au mois de Feurier dernier, Signees ſur le reply, par le Roy eſtát en ſon Conſeil. Forget. auec vn paraphe, Et ſeellees du grand ſeau en cire verde. Par leſquelles ſa Majeſté, pour les cauſes & conſiderations à plein mentionnees en icelles, auroit ſupprimé tous les Offices de meſureurs, viſiteurs & iaugeurs de vins & breuuages, eſtans en muids, pipes, bariques, & autres vaiſſeaux, en toutes les villes & endroits de ce Royaume, ſoit qu'ils ſoient pourueuz de par ſa Majeſté, ou des Roys predeceſſeurs, ou des Eſcheuins, Maires, Iurats, Capitoux, & autres Magiſtrats, à condition de les rembourſer de la finance qui ſe trouueroit auoir eſté par eux payee és parties caſuelles, ſans fraude ou deguiſement. Et de nouueau auroit creé & erigé en Offices formez leſdits eſtats de iaugeurs & meſureurs de vins, & vaiſſeaux où ſe mettent, vendent & debitent toutes ſortes de breuuages, pour y eſtre par ledit Sei-

E.

gneur Roy, & non par autres pourueuz, tant à
prefent qu'à l'aduenir, quand vacation y efcherra, és lieux ou endroicts où il fera trouué neceffaire, & plus commode pour l'vtilité de fes fujets, &
felon le departement qui en feroit faict en fon
Confeil : pour eftre par lefdits iaugeurs & mefureurs marquez les vaiffeaux & fuftailles, de pipes, muids, tóneaux, bariques & autres, foit qu'elles foient remplies de vins ou autres breuuages,
ou qu'elles fe trouuent vuides en boutiques de
marchands. Et pour cet effect leur auroit attribué
droict de prendre pour chacun muid douze deniers tournois, & pour chacun efchantillon qu'ils
bailleront aux tonneliers cinq fols, & pour chacune barique fix deniers feulement. Voulant que
tous tonneliers auant que faire leurs fuftailles
neufues ou vieilles, foient tenus de prendre du
iaugeur du lieu où ils font demeurans, efchantillon felon l'anciéne iauge dudit lieu, qui fera marqué de fa marque, fans qu'ils puiffent befongner
autremét, & feront aduertis du iable que les vaiffeaux doiuét auoir : Et aduenant qu'il fe trouuaft
des fuftailles par eux faictes qui ne feroiét de iauge, bouge & iable raifonnables, feront confif-
quez, & le tonnelier condamné en l'améde. N'en-
tendant neantmoins fa Majefté que ceux defdits
iaugeurs & mefureurs qui fe trouueront pourueuz defdits Offices par fes lettres, ou de fes predeceffeurs Rois, qu'ils foient depoffedez, ains feulement tenus payer le fupplément de la finance
dudit droict de douze deniers pour chacune pie-

ce qu'ils iaugeront, au lieu de cinq deniers d'ancienne attribution, selon la taxe qui en sera faicte
en sondit Conseil. Et pour euiter aux abus & contrauentions qui se pourroient faire audit Edict,
veulent que lesdits iaugeurs puissent aller és maisons desdits tonneliers, pour visiter les fustailles
qui s'y feront : Et que tous Courretiers faisans
vendre vin, cidre, & autres breuuages, seront tenus d'aduertir les marchans de la iauge, faire iauger les vaisseaux, & iceux marquer auant que les
faire enleuer, sur peine de cinq escus d'amende,
& d'estre tenus du deschet & deffaut, en leur propre & priué nom. Faisant defenses à toutes personnes de quelque qualité & condition qu'ils
soient, de vendre & acheter vins & autres breuuages, sinon à la charge de la iauge, & qu'il ne soit
iaugé à la iauge du pays, selon la qualité des vaisseaux, & marquez de la marque du iaugeur, & de
l'annee, à peine de cinq escus d'amende. Les conclusions du Procureur general du Roy, & tout
consideré. La Cour a ordonné & ordonne, que
lesdites lettres serôt leuës, publiees & enregistrees
au Greffe de ladite Cour. A la charge que les deniers qui en prouiendront seront employez au
payement de ce qui est deu aux pouruoyeurs dudit Seigneur Roy, & que ceux qui se trouueront
pourueuz desdites lettres, par ses lettres de prouision, ou des predecesseurs Roys, ne pourront
estre depossedez, sinon en les remboursant de la
finance qu'ils se trouueront auoir payee aux parties casuelles sans fraude & desguisement. Et que

ceux qui feront cy apres pourueuz defdits Offices
nouuellement ou par refignation , feront le fer-
ment en tel cas requis & accouftumé , pardeuant
les Eleuz,& que les diferends & procez qui pourront venir en confequence dudit Edict, fe traicte-
ront en premiere inftance pardeuãt lefdits Eleuz,
& par appel en ladite Cour. Prononcé le 15. Mars,
1596.   Signé,   P O N C E T.

Declaration fur l'Edict precedent.

H ENRY par la grace de Dieu Roy de France
& de Nauarre : A tous ceux qui ces prefentes lettres verront, Salut. Voulant pour le bien &
foulagement de nos pauures fujets, apporter vne
bonne reformation fur les abus & defordres qui
fe commettent à la vente des vins, cidres, bieres,
vinaigres, verjus, huiles, & autres de femblable
qualité, & recognoiffant que cela prouenoit par
la negligence des perfonnes commifes tant par
nous, que nos predeceffeurs, ou pluftoft par les
Maires, Confuls, Efcheuins, Iurats, Capitouls, &
autres Magiftrats des villes de noftre Royaume,
au fait du iaugeage & mefurage des vaiffeaux efquels fe mettét lefdits breuuages, mefprifans lefdites charges, pour le peu de droit qui leur font
attribuez : Nous aurions par noftre Edict du prefent mois de Feurier & an, & pour les caufes à
plein contenuës en iceluy, fupprimé tous lefdits
Offices de mefureurs, iaugeurs, & vifiteurs, à con-

dition de remboursement de la finance qu’ils auroient payee actuellement & sans fraude en nos
parties casuelles, pour lesdits Offices. Et neantmoins par le mesme Edict, creé, erigé & estably de
nouueau iceux Offices, pour y estre par nous, &
non autre, d’oresnauant pourueu de personnes
capables aux lieux & endroicts qui seroient trouuez necessaires & plus commodes pour l’vtilité
de nos sujets, selon le departement qui en seroit
faict en nostre Conseil, ayant attribué ausdits iaugeurs quelque augmentatió de droicts, pour leur
donner plus d’occasion de s’acquiter fidellement
desdites charges : Voulant neantmoins que ceux
qui en estoient pourueuz de nous, ou de nos predecesseurs Roys y fussent maintenus & conseruez
en payant par eux pour ladite augmentation de
droicts, le supplément de la finance à laquelle ils
seroient taxez en nostredit Conseil, où toutesfois
il nous est tres-difficile de cognoistre, tant la va-
leur dudit supplément, que regler les lieux & endroicts où se doiuét establir lesdits Offices de iaugeurs & mesureurs. Ce qui se pourroit mieux faire par quelques personnes d’authorité, estans ou
transportans sur les lieux. A ces causes, de l’aduis
de nostre Conseil, Nous auons dit & declaré, disons & declarons, voulons & nous plaist, que le
departemét des lieux où se deuront establir iceux
iaugeurs & mesureurs, & de leur estenduë, se fera
par les Commissaires qui seront cy apres par nous
commis & deputez à cet effect, lesquels procederont pareillement tant à la taxe desdits Offices,

aufquels fera de nouueau par nous pourueu,
que du fupplément pour ladite augmentation de
droicts, que ferôt tenus faire ceux qui le font def-
ja. Et feront les deniers defdites taxes que nous
auons validees & validons par ces prefentes, comme fi elles eftoient faictes en noftre Confeil, payez
és mains du Threforier de nofdites parties cafuelles, ou des porteurs de fes quittances, eftans prés
defdits Commiffaires : A faute de payement du-
quelfupplément, & de prendre nouuelles proui-
fions dedans le temps qui leur fera ordonné par
iceux Commiffaires, Nous voulons qu'ils foient
par eux depoffedez & priuez de la grace que nous
leur auons faicte, & eftre pourueu en leur lieu
aufdits Offices, ceux qui payeront la finance, à laquelle ils feront de nouueau taxez, & en defaut de
ce, commis perfonnes capables pour les exerçer,
Et afin que lefdits mefureurs & iaugeurs puiffent
plus foigneufemét vacquer & fatisfaire au deu de
leur charge, fans eftre deftournez & diuertis à autres, & que nofdits fujects en reçoiuent le fruict
que nous efperons : Nous les auons exempté, &
exemptons, tant des commiffions Royales, que
des communautez, comme de meffiers, affeeurs
collecteurs des tailles, & autres, efquels ils ne
pourront eftre eftablis, finon de leur gré & confentement : & dont nous les auons defchargez &
defchargeons par cefdites prefentes, lefquelles
nous mandons à nos amez & feaux Confeillers
les gens tenans noftre Cour des Aydes à Paris, ve-
rifier & enregiftrer, & de tout le contenu en icelles

faire ioüyr les deſſuſdits , ſans qu'il y ſoit contreuenu en aucune maniere. Car tel eſt noſtre plaiſir,
nonobſtant quelſconques ordonnances, mandemens , defenſes , reglemens , edicts & lettres à ce
contraires, auſquelles, & aux derogatoires d'icelles, Nous auons derogé & derogeons par ceſdites
preſentes. En teſmoin de ce nous auons faict mettre & appoſer noſtre ſeel à icelles. Donné à Paris
le dernier iour de Feurier , l'an de grace , 1596. Et
de noſtre regne le ſeptieſme.   Par le Roy en ſon
Conſeil.   L'HVILLIER.
    Et ſeellé du grand ſeau de cire iaune ſur ſimple
queuë.

*Regiſtré en la Cour des Aydes , ouy ſur ce le Procureur
general du Roy , pour iouyr par leſdits iaugeurs & meſureurs, des exemptions portees par les preſentes à la charge
que les deniers qui proaiendront pour la compoſition deſdits Offices, ſeront employez en l'acquit de ce qui eſt deu
aux pourueyeurs de la maiſon du Roy, & non ailleurs, ſuiuant l'Arreſt de ladite Cour, du iour d'huy. A Paris, le 9.
iour d'Auril, 1596.   Signé,   DV PVY.*

    Extraict des Regiſtres de la Cour des Aydes.

VEV par la Cour les lettres Patentes du Roy,
    en forme de Declaration, donnees à Paris, le
dernier iour de Feurier, 1596. Signees ſur le reply,
Par le Roy en ſon Conſeil. L'huillier. Et ſeellees
ſur double queüe de cire iaune . Par leſquelles
pour les cauſes y contenuës, ledit Seigneur dit,

declare, veut & luy plaiſt que les departeméſ des lieux où ſe doiuent eſtablir les iaugeurs & meſureurs de vins, cidres, bieres, vinaigres, verjus, huilles, & autres ſemblables qualitez, & de leur eſtenduë, ſe fera par les Commiſſaires qui ſeront cy apres commis & deputez à cet effect par ledit Seigneur, & qu'ils procederont pareillement, tant à la taxe deſdits Offices, auſquels ſera de nouueau pourueu par iceluy Seigneur Roy, que du ſupplément pour l'augmentation des droicts à eux attribuez, que ſeront tenus faire ceux qui le ſont déſ-ja, & ſeront les deniers deſdites taxes que ledit Seigneur a validé & valide par leſdites lettres, comme ſi elles eſtoient faictes en ſondit Conſeil, payez és mains des Threſoriers des parties caſuelles, ou des porteurs de ſes quittances, eſtans prés deſdits Commiſſaires, à faute de payement du ſupplément, & de prendre nouuelles prouiſions, dedans le temps qui leur ſera ordonné par iceux Commiſſaires, ledit Seigneur veut qu'ils ſoient par eux depoſſedez & eſtre pourueu en leur lieu auſdits Offices, ceux qui payeront la finance à laquelle ils ſeront de nouueau taxez. Et afin que leſdits meſureurs & iaugeurs puiſſent plus ſoigneuſement vacquer & ſatisfaire au deu de leur charge, ledit Seigneur les exempte, tant des commiſſions Royales, que des communautez, comme de meſſiers, aſſeeurs, collecteurs des tailles & autres, eſquels ils ne pourront eſtre eſtablis, ainſi que plus au long eſt porté par leſdites lettres. Concluſions du Procureur general du Roy,

Roy, & tout confideré. La Cour a ordóné & ordonne que lefdites lettres feront enregiftrees au
Greffe de ladite Cour, pour iouyr par lefdits iaugeurs & mefureurs, des exemptions portees par
lefdites lettres. A la charge que les deniers qui
prouiendront pour la compofition defdits Offices feront employez en l'acquit de ce qui eft deu
aux Pouruoyeurs de la maifon du Roy, & non
ailleurs. Prononcé le 9. iour d'Auril, 1596.

Signé,   D V P V Y.

Lettres patentes du Roy, portans confirmation de fes pre-
cedentes, dés 24. Iuin, & 12. d' Aouft, & eftabliffe-
ment des eftats & offices de iaugeurs & vifiteurs de
vin, vaiffeaux, & toutes autres liqueurs, par toutes les
villes, bourgs, & paroiffes de fon Royaume.

HENRY par la grace de Dieu Roy de France
& de Nauarre, A nos amez & feaux Confeillers, les gens tenans noftre Cour des Aydes à Paris, Salut. Par noftre Edict du mois de Feurier,
1596. par vous verifié, contenant le reglement &
reformation des vaiffeaux à mettre vin, bieres,
cidres, & toutes autres liqueurs, Nous aurions
pour l'execution d'iceluy, creé & erigé en chacune ville, bourgs, paroiffes, & lieux neceffaires en
noftre Royaume, l'eftat & office de iaugeur defdits vins, vaiffeaux, & liqueurs fufdits, pour y e-
ftre par nous & non par autres pourueu, vacation
aduenant, fur les deniers prouenans de la com-

F

position desquels Offices, ayant assigné Gilles du Buy, & Iean Peron, marchands Pouruoyeurs de nostre maison, pour le payement & remboursement des grandes adùaces & fournitures par eux faictes, ils auroient auec grands fraiz & despenses, poursuiuy par toutes les Elections, l'establissement & execution dudit Edict, mais ils auroient esté du tout empeschez par les oppositiós de plusieurs Euesques, communautez des villes, pretendans le droict desdits Offices en patronages, par nos predecesseurs, & encores par les empeschemens formez par les marchands, vignerons, tonneliers, & autres de pareille qualité, qui s'aidans de l'authorité desdits Euesques, se seroiét promis par longueur du temps & trauail de procez, reculer l'execution dudit Edict, le rendre à neant, & ce pendant faire iouyr ceux commis esdits Offices par lesdits Euesques & Communautez desdites villes, pour leurs profits particuliers, au grand preiudice desdits Pouruoyeurs. Sur les remonstrances desquels de ce que dessus, pour euiter à diuersité de iugemens, & retrencher toutes longueurs & inuolutions de proces, par arrest de nostre Conseil donné au mois de Ianuier dernier, vous aurions renuoyé la cognoissance de tous & chacuns les differends meuz & à mouuoir, pour raison de l'execution dudit Edit, circonstances & dependáces en toutes parties, pour estre par vous reglez, & leur faire droict, comme de raison : & à ceste fin interdit à tous autres Iuges d'en cognoistre. Et dautát que nos vouloir & intention sont à

preſent comme ils ont cy deuant eſté, l'Edit ſortir
ſon plein & entier effect, De l'aduis de noſtre Có-
ſeil vous mandons, ordonnons, & tref-expreſſé-
ment enioignons, que conformément à noſtredit
Edit, & verification par vous faite d'iceluy , vous
ayez à faire eſtablir par toutes & chacunes les villes, bourgs, paroiſſes , & lieux neceſſaires, leſdits
Offices de iaugeurs & viſiteurs deſdits vins, breuuages, liqueurs, & vaiſſeaux ſuſdits, faiſant iouyr
pleinemét & paiſiblement ceux qui en ſeront par
nous pourueuz, en vertu de leurs lettres de prouiſi-
ſion, ſans permettre ny ſouffrir y eſtre troublez
ou empeſchez en aucune ſorte & maniere, con-
traignant y obeyr, & le ſouffrir leſdits Eueſques,
Communautez des villes, marchands tonneliers,
& tous autres indifferemment, nonobſtant leurs
empeſchemens & oppoſitions, & droicts par eux
pretendus: auſquels ne voulons qu'ayez aucun eſ-
gard , & qu'ils puiſſent preiudicier à l'eſtabliſſement deſdits Offices par nous creez par noſtredit
Edict. Et où il ne ſe trouueroit preſentement perſonne pour ſe faire pouruoir en tiltre deſditsOffi-
ces, Nous voulons & entendons bons & ſuffiſans
Commiſſaires eſtre par nous eſtablis, pour ſuiuãt
l'arreſt donné en pareil cas, pour la generalité de
Normandie, exerçer leſdits Offices eſdites villes,
bourgs, paroiſſes, & lieux neceſſaires, iouyr & vſer
d'iceux, à l'inſtar des fermiers, des huict, & vingtieſme, & autres fermes, aller és caues , celiers, maiſons, & vaiſſeaux, par mer & riuieres, iauger, viſiter, marquer leſdits vins, vaiſſeaux, & toutes au-

tres liqueurs, tant plains que vuides, autant de fois qu'ils se vendront, & changeront de mains, auec defenses à tous marchands de ne vendre ne acheter, sinon aux conditions de ladite iauge, & sur les peines y contenuës : & à tous gourmets & tonneliers en aduertir lesdits marchands, de n'en-leuer iceux, au prealable ladite iauge, & en payer les droicts mentionnez apres qu'ils seront enle-uez hors lesdites caues & celiers, à la charge aussi de faire par lesdits iaugeurs leur deuoir de mar-quer le defaut, ou le plus desdits vaisseaux, à ce que nosdits sujets s'en ressentent. Car tel est nostre plaisir. De ce faire nous vous donnons tout pou-uoir, authorité, commission, & mandement spe-cial nonobstant tous Edicts, ordonnances, man-demens, defenses & lettres à ce contraires, aus-quels, & à la derogatoire de leur derogatoire, nous auons derogé & derogeons. Donné à Paris, le 24. iour du mois de Iuin, l'an de grace, 1598. Et de nostre regne le neufiesme. Signé, Par le Roy en son Conseil. LE BOSSV. Et seellé sur sim-ple queüe de cire iaune du grand seel.

Lettres de Iußion.

HENRY par la grace de Dieu Roy de France & de Nauarre. A nos amez & feaux Conseil-lers les gens tenans nostre Cour des Aydes à Pa-ris, Salut. Pour rembourser les marchands Pour-uoyeurs de nostre maison, des grandes sommes de deniers à eux deuës, pour aduances des fournitures, tant à nous, durant ces guerres, que du viuant du feu Roy , nous aurions de l'aduis , bonnes mœurs, & deliberation de noſtre Conſeil, par noſtre Ediⅽt du mois de Feurier, 1596. reſtably l'Ediⅽt des iaugeurs, meſureurs, viſiteurs de vaiſſeaux à mettre vin, biere, cidres, & toutes autres liqueurs vtiles & neceſſaires, & par vous bien & deuëment verifié, & pour retrancher tous empeſchemens, oppoſitions & appellations dont pourroit enſuiure diuerſité de iugemens & arreſts, vous auons renuoyé l'execution, & d'iceluy attribué la cognoiſſance, & icelle interdite à tous autres Iuges, en conſequence deſquels renuoy & attribution, vous aurions fait expedier autres Patentes du 24. Iuin dernier, qui vous ont aſſez teſmoigné quels eſtoient noſtre vouloir & intention ſur le reſtabliſſement dudit Ediⅽt, par la vente deſdits eſtats, & nous acquitter & deſcharger d'autant vers leſdits marchands Pouruoyeurs, deſdites ſommes à eux deües, & dont nous ſommes iournellement pourſuiuis, pour les auoir aſſignez ſur la finance prouenant d'iceux Offices. Toutesfois au lieu de vous conformer à noſtre volonté, & nous aſſiſter en ceſte affaire, qui ne tourne qu'à noſtre acquit, encores que noſtre Procureur general y euſt preſté ſon conſentement, & conſenty la verification, vous auez par voſtre arreſt du 30. Iuillet dernier, declaré ne pouuoir entrer à la verification deſdites lettres, qui a dóné nouueau ſujet auſdits marchands Pouruoyeurs, venir à nouuelles plainⅽtes, demander nouuelles aſſignations, & differer les

fournitures ordinaires, au grand preiudice de noftre feruice. A ces caufes, voulans noftredit Edict
fortir fon plein & entier effect, & lefdits marchands iouyr du fruict d'iceluy ; de l'aduis de noftre Confeil, qui a veu lefdits Edicts, lettres Patentes, confentement de noftredit Procureur general, auec voftre refus, le tout cy attaché fouz le
contrefeel de noftre Chancellerie, vous mandons,
ordonnons & cefte fois pour toutes, tref-expreffément enioignós par ces prefentes, proceder purement & fimplement à l'entiere verification &
entherinement defdites lettres du 24. Iuin, & en
ce faifant eftablir lefdits eftats & offices de iaugeurs & vifiteurs de vin, vaiffeaux, & toutes autres liqueurs par toutes les villes, bourgs & paroiffes de noftre Royaume, ceffans tous troubles
& empefchemens au contraire, pour à iceux Offices eftre cy apres par nous pourueu, vacation aduenant, & non par autres, faifans par vous iouyr
les pourueuz d'iceux pleinement & paifiblemét,
conformément audit Edict & reftabliffement &
declaration dudit 24. Iuin, que voulons & entendons eftre inuiolablement gardees & obferuees
de poinct en poinct, felon fa forme & teneur: & à
cefte fin leuons & oftons toutes reftrinctions, mo-
difications & refus qu'y pourriez auoir apportez,
fans qu'ils puiffent preiudicier aufdits marchans
Pouruoyeurs, par ces prefentes que voulons vous
feruir de toute iuffion que pourriez efperer de
nous en cet endroict, fans qu'il foit befoin recou-
rir à nous, attendu que c'eft pour le bien & ad-

uancement de nos affaires, acquit & descharge de nos debtes, & le soulagement & bien du public. Car tel est nostre plaisir. Nonobstant tous Edicts, ordonnances, mandemens, defenses, reglemens, priuileges & lettres à ce contraires, ausquelles nous auons derogé & derogeons. Donné à Paris, le 12. iour du mois d'Aoust, l'an de grace, 1598. Et de nostre regne le dixiesme. Signé, Par le Roy en son Conseil. DREVX.   Et seellé de cire iaune sur simple queüe du grand seel.

Autres lettres de iuss on.

HENRY par la grace de Dieu Roy de France & de Nauarre, A nos amez & feaux Conseillers les gens tenans nostre Cour des Aydes à Paris salut. Nous vous auons enuoyé nostre declaratió du vingtquatriesme Iuin, mil cinq cens quatre vingts dixhuict pour l'establissement en quelques lieux de bons & suffisans Commissaires, pour visiter, iauger & marquer les sustailles de vins, cidres & bieres, & autres liqueurs selon le reiglement que nous y aurions donné pour le bien de nostre peuple, & à la poursuite mesme des marchans en attendant que nous y eussions pourueu de personnes capables en tiltre d'Office suyuant nostre Edict du mois de Feurier, mil cinq cens quatre vingts seize, l'execution duquel a esté iusques icy retardée en aucuns endroicts par les monopoles de quelques marchans de vins, qui veu-

lent faire leur profit aux defpens de noftre peuple
& detriment, de noftre feruice. Et combien que
pour retrácher leur mauuais deffeins, nous ayans
trouué par l'aduis de noftre Confeil l'eftabliffement defdits Cómiffaires trefneceffaire, ce neantmoins vous auriez fait difficulté d'entrer en la verification de noftredite declaration, encores que
par nos lettres de Iuffion du douziefme Aouft,
nous vous l'euffions commandé, ne confiderans
pas que par telles difficultez & delais, que vous
apportez à l'execution de noftredite declaration,
vous confirmez la malice & l'opiniaftreté de ceux
qui ont iufques icy empefché cefte noftre intention, conforme à celle de nos predeceffeurs Rois,
& laquelle eftant eftablic & receuë és meilleures
villes de noftre Royaume, qui en ont goufté le
fruict, doit eftre auffi receuë és autres lieux que
nous auós iugé par l'aduis de nos principaux Officiers à chacunes Prouinces: ioinct que vous ayant
trouué bon l'erectió defdits Offices, vous ne pou-
uez auec fubiect faire difficulté fur l'eftabliffemét
defdits Commiffaires qui facent & exercent cefte
charge eftans receuz & approuuez par les Iuges
des lieux, en attendant qu'il y aye efté par nous
pourueu, confideré l'exercice defdits Offices &
toutes autres foit par commiffió ou en tiltre formé dependant de noftre feule authorité & intention que nous auons au bien qui en doit prouenir
à nos fubiects. A ces caufes voulons que noftredit
Edict & Declaration fortent leur plein & entier
effect, de l'aduis de noftre Confeil qui a veu ledit

Edict

Edict & Declaration, Arrest de verificatiõ & ceux
que depuis vous auez donnez sur ladite Declaration & Iussion. Vous mandons, ordonnons &
tres-expressément enioignons par ces presentes,
que nous voulons vous seruir de seconde & troisiesme Iussion, & sans attendre de nous autres plus
expres commandement, qu'ayez incontinent à
proceder à la verification de nostredite Declaration purement & simplement, & sans aucune mo-
dification, Car tel est nostre plaisir : nonobstant
tous Edicts, Ordonnances, mandemens, defenses,
& lettres à ce contraires, à quoy nous auons derogé & derogeons par ces presentes.

Donné à Paris le dixneufiesme iour d'Octobre
l'an de grace mil cinq cés quatre vingts dixhuict,
& de nostre regne le dixiesme. Signé par le Roy,
LE TANNEVR.
Et seellé de cire iaune sur simple queuë du grand
seel. Et plus bas est escrit : Registré en la Cour
des Aydes, ouy sur ce le Procureur general du
Roy, pour estre executé selon que le Roy le veut
& mande, suyuát & aux charges portées par l'Arrest de ladite Cour du iourd'huy à Paris le vingt-
septiesme iour d'Octobre, mil cinq cens quatre
vingts dix-huict. Extrait de la Cour des Aydes.
Signé, BERNARD.

Extraict des Registres de la Cour des Aydes.

VEV par la Cour les lettres patentes du Roy,
en forme de Declaration données à Paris le

vingtquatrieſme iour de Iuin mil cinq cens quatre vingts dixhuict, ſignees, Par le Roy en ſon
Conſeil, Le Boſſu, & ſellees du grand ſeau de cire
iaune, obtenues par Gilles du Buy, Iean Perou &
conſors, pouruoyeurs ordinaires de la maiſon du
Roy, par leſquelles ſa Majeſté pour rembourſer
les impetrans aſſignez ſur la finance qui prouien-
droit de la vente des Offices de iaugeurs, viſiteurs
de vaiſſeaux à mettre vin, & autres liqueurs erigez en tiltre d'office, par l'Edict verifié en ladite
Cour au mois de Feurier, 596. à cauſe des grandes
ſommes de deniers à eux deuës, pour les grandes
fournitures par eux faites, & pour autres cauſes &
conſiderations y contenues, mande, ordonne &
treſ-expreſſémét enioinct à ladite Cour, que con-
formement audit Edict, elle aye à faire eſtablir par
toutes & chacunes les villes, bourgs, paroiſſes &
lieux neceſſaires, leſdits Offices de iaugeurs & viſiteurs deſdits vins, breuuages & liqueurs & vaiſſeaux ſuſdits, enſemble faire ioüir pleinemét ceux
qui en ſeront pourueus par ſadite Majeſté, en vertu de leurs lettres de prouiſion, ſans permettre ne
ſouffrir y eſtre troublez ny empeſchez en aucune
ſorte & maniere, nonobſtant les empeſchemens,
oppoſitions & droicts pretédus par les Eueſques,
communautez des villes, marchans tonneliers &
tous autres indifferemment, & ſans qu'ils puiſſent
preiudicier à l'eſtabliſſemét deſdits Offices creez
par ledit Edict, & où il ſe trouueroit preſentemét
perſonnes pour ſe faire pouruoir en tiltre deſdits
Offices, ſadite Majeſté veut & entéd qu'ils ſoient

par ladite Cour , eſtablis bons & ſuffiſans Commiſſaires pour exercer leſdits Offices eſdites villes, bourgs, parroiſſes & lieux neceſſaires, iouir &
vſer d'iceux à l'inſtar des fermiers des huict &
vingtieſme, ledit Edict de la Declaration des Offices des iaugeurs, & meſureurs de vins & autres
breuuages, és lieux & endroicts où il ſera trouué
neceſſaire, verifié en ladite Cour, le 9. iour d'Auril,
l'an 1596. l'Arreſt donné au Conſeil priué du Roy,
le 24. iour de Ianuier 1598. par lequel ſa Maieſté
auroit renuoyé leſdites parties, auec tous leurs
differens, & dependances de tout ce que deſſus en
ladite Cour : Arreſt de ladite Cour du dixſeptieſ-
me Iuin dernier, par lequel auroit eſté ordonné
que leſdicts iaugeurs de vins & vaiſſeaux, confor-
mement audit Edict & Arreſt de verification d'i-
celuy, iouiront des priuileges & exemptions à eux
attribuez par ledit Edict. Requeſtes preſentees
par leſdits impetrans à fin d'enterinement & verification deſdites lettres. Autre Arreſt de ladite
Cour du trentieſme Iuillet dernier, contenant le
refus fait par icelle, de proceder à la verification
deſdites lettres: autres lettres patentes du Roy, en
forme de Iuſſion, donnees à Paris le douzieſme
iour d'Aouſt dernier, ſignees, Par le Roy en ſon
Conſeil, Dreux, & ſeellees, par leſquelles eſt man-
dé à ladite Cour de proceder purement & ſimple-
ment à l'entiere verification & enterinement deſdites lettres patentes, du vingtquatrieſme Iuin.
Autre Arreſt de ladite Cour, par lequel elle auroit de rechef dit & declaré, ne pouuoir entrer à

G   ij

la verification defdites lettres. Autres lettres de
Iuffion, donnees à Paris le dixneufiefme iour d'O-
ctobre mil cinq cens quatre vingts dixhuict. Par
lefquelles de rechef tref-expreffément enioinct à
ladite Cour pour derniere & finalle Iuffió de proceder à l'entherinement & verification defdictes
lettres de Declaratió. Conclufions du Procureur
General du Roy. Et tout confideré. Ladite Cour
a ordonné & ordonne que lefdites lettres feroiét
regiftrees au Greffe de ladite Cour pour eftre exe-
cutees felon que le Roy le veut & entéd, à la charge que les Commiffaires qui feront nommez, fuiuant lefdites lettres de Declaration, feront le fer-
ment pardeuant les Efleus, en tel cas requis, information prealablement faicte de leur vie, &
mœurs, & que leur commiffion ceffera, & de-
mourera efteinte & fupprimee aduenant qu'il y
foit pourueu en tiltre d'Office formè fuiuant l'E-
dict du mois de Feurier, mil cinq cés quatrevingts
feize. Prononcé à Paris en ladite Cour des Aydes
le vingt-feptiefme iour d'Octobre, 1598.
　　Signé,　　　　　　BERNARD.

Arreft de la Cour pour les marchans de vins.

VEV par la Cour la requefte prefentee par les
maiftres & gardes de la cómunauté, & corps
des marchans de vin de cefte ville de Paris le fei-
ziefme Iuillet dernier, laduis du Preuoft des Marchans & Efcheuins de ladite ville, conclufions du
Procureur general du Roy: La Cour a ordonné

& ordonne que l'Arreſt du quatorzieſme iour d'Aouſt cinq cens ſoixante & dixſept, donné entre les maiſtres iurez, vendeurs & Controolleurs des vins vendus en ceſte ville, le Procureur general du Roy ioinct, & Iacques Blanchon, Antoine Foucaut & conſors marchans de vin de ladite ville de Paris, d'autre : ſera entretenu & executé ſelon ſa forme & teneur. Fait defenſes tant auſdicts maiſtres & gardes de la communauté, & corps des marchans de vins, & Cabaretiers de Cour, demeurans en ceſtedite ville, leſdits maiſtres iurez vendeurs & contrerolleurs, enſemble les courtiers & iaugeurs de vins de ladite ville, de contreuenir audit Arreſt, ſur les peines contenues en iceluy, d'améde arbitraire, & de priuation de leurs Offices & charges, ſ'il y eſchet. Ordonne la Cour que à la requeſte dudit Procureur general, il ſera informé des contrauentions audit Arreſt : pour les informations faites & communiquees audit Procureur general, eſtre ſur icelles ordonné ce que de raiſon : Et ſera le preſent Arreſt publié à ſon de trompe & cry public par les carrefours, places, ports, & eſtappes de ladite ville & fauxbourgs, fait en Parlement le 3. Septembre 1599.

Signé,   V O Y S I N.

Autre Arreſt pour les marchans de vins.

S v r la remonſtrance faite par le Procureur general du Roy à la chambre des Vacations, Ouy le Lieutenant Ciuil, & Preuoſt des Marchans &

Efcheuins, fur la main leuee requife par le **Lieutenant Ciuil**, des defenfes aux marchans & cabaretiers faites par les Arrefts d'Aouft foixâte & dix-
fept, troifiefme de ce mois, execution & entretenement requife par ledit Preuoft : enfemble ledit
Procureur general du Roy en fes conclufiós. Veu
lefdits Arrefts & pieces mifes par deuers elle, la
matiere mife en deliberation, ladite Chambre a
ordonné & ordóne que lefdits Arrefts de foixante & dixfept, & troifiefme de ce mois, feront gardez & obferuez felon leur forme & teneur. Faiçt
inhibitions & defenfes d'y contreuenir, & fera informé des contrauétions pour eftre procedé contre & ainfi qu'il appartiendra, à ce qu'aucun n'en
pretende caufe d'ignorance, feront derechef lefdits Arrefts leus, publiez & affichez aux lieux ac-
couftumez. Fait en ladite chambre des Vacations
le dernier iour de Septembre l'an 1599.

Ainfi figné, VOYSIN..

---

*Edict pour la vente en heredité des Offices de iaugeurs &
mefureurs de vins, & autres breuuages és lieux & endroicts de ce Royaume, ou il fera trouué neceffaire.*

HENRY par la grace de Dieu, Roy de France
& de Nauarre, à tous prefens & aduenir, fa-
lut. Par noftre Edict du mois de Feurier, 1596. voulant apporter vne bonne reformation aux abus &
defordres qui fe commettoiét à la vente des vins,
cidres, bieres, verius, vinaigres, huilles & autres

breuuages & liqueurs en cestuy nostre Royaume,
par la malice ou negligéce des pourueus des Offices de iaugeurs creez, tant en vertu des Edicts du
feu Roy Henry second que Henry troisiesme, côme pareillement par aucuns qui se sont trouuez
commis par les communautez, Maires, Consuls,
Escheuins, Iurats, & autres magistrats des villes
de nostredit Royaume, à faire la iauge & mesu-
rage des vaisseaux esquels se mettent lesdicts vins
& liqueurs. Nous aurions pour ces consideratiõs
& autres declarees par iceluy nostredit Edict verifié, où besoin a esté, supprimé tous lesdits Offices de iaulgeurs & visiteurs à condition toutesfois de rembourser les acquereurs & deuëment
pourueus desdits Offices, de la finance qu'ils a-
uoient pour ce actuellement payee en nos parties
casuelles pour la composition desdits Offices. Et
neantmoins par le mesme Edict iugeans l'exercice desdicts Offices estre necessaire pour le bien &
vtilité de nos subiects, nous aurions creé & de
nouueau erigé iceux offices pour y estre par nous
pourueu de personnes capables, pour en iouir par
les pourueus aux droicts & pouuoir y attribuez,
& comme il est declaré par nostredit Edict, suiuant lequel & nos lettres de Declaration & commission pour ce expediees, a esté par nous pourueu à vn grand nombre desdits Offices, & iceux
deliurez au plus offrant par les Commissaires à ce
deputez, au ressort de nostre Cour des Aydes à Paris, suiuant les Arrests de nostre Conseil, instru-
ction & forme à eux prescripte : mais d'autant

qu'à prefent il fe recognoift que fur la vacation
qui eft depuis aduenue par mort d'aucuns defdits
offices, il n'y a perfonne qui recherche à fen faire
pourueoir, non plus que de prédre ceux qui n'ont
encor efté leuez en nos parties cafuelles, à caufe
du peu d'emolument d'iceux offices : mefmes des
grands frais & depenfes qu'il leur conuiendroit
faire à l'obtention d'iceux. Et par ce moyen les
premiers abus continuans nos fubiects demeurent priuez du bien & fruict de l'egalité & droi-
éture des mefures que ceft eftabliffement leur de-
uoit apporter, au grand preiudice du bien public,
& dont nous eft iournellement fait beaucoup de
plainétes. A quoy eftant tres-neceffaire de pouruoir, & voulans faire reffentir à nos fubiects le
foin que nous auons en tout ce qui regarde le fait
de la police & adminiftration de la Iuftice, nous
auons aduifé eftre à propos de rendre hereditaires
iceux Offices de iaugeurs, mefureurs & vifiteurs
de tonneaux & bariques par nous, comme dit eft,
cy deuant creez, & iceux faire vendre à faculté de
rachapt perpetuel. Pour ces caufes & autres bonnes confiderations à ce nous mouuás, apres auoir
mis cefte affaire en deliberation en noftre Confeil,
de l'aduis d'iceluy, Auons par ceftuy noftre prefent Edict perpetuel & irreuocable, & de noftre
certaine fcience, pleine puiffance, & authorité
Royale, de nouueau fupprimé & fupprimós, tous
& chacuns lefdits Offices de iaugeurs, vifiteurs &
mefureurs de tonneaux & barriques, pour iceux
offices, auec les droicts, proffits & emolumens y

attri-

attribuez, estre vendus en heredité à faculté de rachapt perpetuel : tout ainsi & en la mesme forme
qu'il a esté fait pour les Greffes des tailles des par-
roisses, & ce par les Commissaires qui seront par
nous à ce faire deputez, à la charge de rembourser tant les anciens & nouueaux pouruciz desdits
offices, que les porteurs des quittances d'iceux,
qui n'ont encores leurs lettres de prouision de la
finance qu'ils monstreront auoir actuellement
payée en nos parties casuelles auant qu'en pouuoir estre depossedez auec les frais raisonnables
pour l'obtention d'iceux, verification prealablement faite par deuant qui il appartiendra, au prix
que ladite reuente s'en fera, & des premiers & plus
clairs deniers d'icelle, pour estre les deniers qui
reuiendront bons de ladicte vente en heredité, a-
pres lesdicts remboursemens faicts, employez à
nos vrgentes affaires, & ainsi qu'il sera par nous
ordonné.

Si donnons en mandement à nos amez & feaux
Conseillers les gens de nostre Cour des Aydes à
Paris, & à tous nos autres Iuges & Officiers qu'il
appartiendra, que cestuy nostre present Edict ils
facent lire, publier & enregistrer, garder, obser-
uer, & entretenir, selon sa forme & teneur, cessant
& faisant cesser tous troubles & empeschemens
au contraire : Car tel est nostre plaisir. Et afin que
ce soit chose ferme & stable à tousiours, nous a-
uons fait mettre nostre seel à cesdites presentes
donneés à Paris au mois de Nouembre, l'an de
grace mil six cens vn, & de nostre regne le trei-

ziefme.   Signé,   HENRY.
Et fur le reply, Par le Roy,   POTIER.

Et fcellé de cire verte, en lacs de foye rouge &
verte.

Regiftré en la Cour des Aydes, ouy fur ce le Procureur
General du Roy, à la charge qui ceux qui font à prefent
pourueus defdicts Offices de iaugeurs, ne pourront eftre
contraints de financer pour l'heredité, & que les differens
qui interuiendront en execution du prefent Edict, circon-
ftances & dependances d'iceluy, feront traictez par deuant
les Efleus en premier inftance, & par appel en ladite Cour
& non ailleurs, fuiuant l'Arreft d'icelle, du iourd'huy
à Paris, le vingt-neufiefme Ianuier, mil fix cens deux.
    Signé,   BERNARD.

Lettres de Iuffion.

HENRY par la grace de Dieu Roy de France
& de Nauarre. A nos amez & feaux Confeillers, les gens de noftre Cour des Aydes à Paris, Salut. Par noftre Edict du mois de Feurier, mil cinq
cens quatre vingts feize, portant creatió des Offices de iaugeurs, mefureurs & vifiteurs de tóneaux
& bariques, Nous auions eftimé par cefte creation auoir deuëment pourueu & remedié aux a-
bus & defordres qui fe commettoient par l'inega-
lité des mefures, à la vente des vins, cidres, bieres,
verius, vinaigres, huiles & autres breuuages &
liqueurs en ceftuy noftre Royaume. Maisayant
depuis recogneu que fur la vacation aduenue par
mort d'aucuns defdits Offices, il ne s'eft prefenté

perſonne qui ait recherché à ſ'en faire pourueoir,
non plus que de prendre ceux qui n'ont encores
eſté leuez en nos parties caſuelles à cauſe du peu
d'emolument d'iceux Offices , meſmes des grans
frais & deſpenſes qui leur conuiendroit faire, à
l'obtention d'iceux : tellement que les premiers
abus & deſordres continuans, nos ſubiects demeurent priuez du bien & fruict de l'egalité &
droicture des meſures que ceſt eſtabliſſement leur
a porté, au grand preiudice & intereſt du bien
public. Nous aurions pour à ce pouruoir & faire
reſſentir à noſdits ſubiects le ſoin que nous auons
de leur ſubuenir, en tout ce qui regarde le fait de la
police & adminiſtration de la Iuſtice, par noſtre
Edict du mois de Nouembre dernier ſupprimé,
de nouueau , tous & chacuns leſdicts Offices de
iaulgeurs, viſiteurs & meſureurs de tonneaux &
bariques à mettre vins, cidres , bieres, verius, vinaigres , huiles, & autres breuuages & liqueurs,
pour iceux Offices, auec les droicts, profits & e-
molumens y attribuez par l'Edict de leur creatió,
eſtre vendus en heredité à faculté de rachapt perpetuel, & tout ainſi & en la meſme forme qu'a
eſté fait pour les Greffes des tailles des paroiſſes,
& ce par les Commiſſaires qui ſeront à ce faire deputez. A la charge de rembourſer tant les anciens
& nouueaux pourueuz deſdits Offices, que les
porteurs des quittances d'iceux qui n'ont encore
leurs lettres de prouiſió de la finance qu'ils mon-
ſtreront auoir payee en nos parties caſuelles auant
qu'en pouuoir eſtre depoſſedez , & comme plus

au long eſt declaré par iceluy noſtredit Edict,
Mais au lieu de vous conformer à ceſte noſtre intention vous auez par voſtre Arreſt du quatorzieſme Decembre dernier, dit ne pouuoir entrer
en la verification de noſtredit Edict, & ſupplié
humblement de vous en excuſer, qui ſeroit, ſi cela
auoit lieu, priuer entierement noſdits ſubiects, du
bien, vtilité & ſoulagemét que ceſte reformation
& ordre de police leur a porté. A quoy voulant
pouruoir, & apres auoir mis ceſt affaire en deliberation en noſtre Conſeil, de l'aduis d'iceluy &
de noſtre certaine ſcience, pleine puiſſance & authorité Royale, Nous vous mandons, ordonnons & enioignons par ces preſentes, ſignees de
noſtre main, que ſans vous arreſter à voſtredit
Arreſt du quatorzieſme Decembre dernier cy attaché, & aux cauſes & raiſons qui vous ont meu
à le donner, & à toutes autres remonſtrances que
pourriez deſirer ſur ce nous faire, que tenós pour
toutes faites, dictes & entendues, vous ayez toutes choſes poſtpoſées & difficultez ceſſantes, à
proceder à la verificatió pure & ſimple de noſtredit Edict d'heredité deſdits Offices de iaugeurs,
viſiteurs & meſureurs de tonneaux & baricques,
à mettre vins, cidres, bieres, verius, vinaigres,
huiles & autres breuuages & liqueurs. Et aux
charges & conditions, & cóme il eſt plus au long
declaré & ſpecifié par iceluy, ſans aucune choſe
innouer, ny vſer d'aucune reſtrinction, ny modi-
fication, ſur tant que deſirez faire choſe qui nous
ſoit agreable. Car tel eſt noſtre plaiſir. Nonob-

ſtant, comme dit eſt, voſtredit Arreſt, les cauſes
d'iceluy, & quelſconques choſes contraires y de-
rogeans : Meſmes quelſconques oppoſitions, ou
appellations faictes ou à faire, pour leſquelles &
ſans preiudice d'icelles, ne ſera par vous differé,
ny retardé, nonobſtant auſſi nos lettres de Com-
miſſion par vous n'agueres verifiees pour la reuente deſdicts Offices, que nous auons réuocqué
& reuocquons, enioignans en outre à nos Aduo-
cats, & Procureurs Generaux, tenir la main à l'effect & executió & verification de noſtredit Edict,
& de ceſdictes preſentes, & faire toutes requiſi-
tions & pourſuittes pour ce neceſſaires. Donné à
Paris le ſeptieſme iour de Ianuier, l'an de grace,
mil ſix cens deux. Et de noſtre regne le trezieſme.
Signé,   Par le Roy,   FORGET.
Et ſeellé ſur ſimple queuë de cire iaulne. Et à
coſté.   VISA.

*Regiſtré en la Cour des Aydes, oy ſur ce le procureur
general du Roy, ſuiuant & aux charges portees par l'Arreſt d'icelle du iourd'huy, à Paris le vingt-neufieſme Ianuier, mil ſix cens deux.*
Signé,   BERNARD.

Extraict des regiſtres de la Cour des Aydes.

VEV par la Cour les chambres aſſemblees, les
lettres patétes du Roy en forme d'Edict donnees à Paris au mois de Nouembre, mil ſix cens
vn, ſignees Henry, & ſur le reply, par le Roy,

Potier, & fellees de cire verte, en lacs de foye rouge & verte, par lefquelles pour les caufes & confiderations y contenuës, fa Majefté de l'aduis de
fon Confeil, auroit fupprimé tous & chacuns les
Offices de iaugeurs, vifiteurs & mefureurs de tonneaux & bariques ; pour iceux Offices, auec les
droicts, profits & emolumens y attribuez, eftre
vendus en heredité & faculté de rachat perpetuel,
tout ainfi & en la mefme forme qu'il a efté faict
par les greffes des tailles des parroiffes, & ce par
les Commiffaires qui feroient à ce deputez, à la
charge de rembourfer au fur que ladite reuente
s'en fera, & auant que de pouuoir eftre depoffedez
tant les anciens que nouueaux pourueus defdits
Offices que les porteurs des quittáces d'iceux qui
n'auroient encore leurs lettres de prouifion de la
finance qu'ils auoient paiee actuellement auec les
frais raifonnables pour l'obtention defdictes lettres, pour les deniers reuenans bons de ladite reuente, eftre employez aux vrgens affaires de fa
Majefté, comme il fera par elle ordonné. Man-
dant à ladite Cour faire enregiftrer, garder & obferuer ledit Edict, ainfi qu'il eft plus au long porté par iceluy Arreft de ladite Cour du quatorzief-
me Decembre audit an, par lequel elle auroit dit
ne pouuoir entrer à la verificatió defdites lettres
d'Edict, & fupplioit trefexpreffément le Roy l'en
excufer. Autres lettres patentes de fa Majefté en
forme de Iuffion, donnees à Paris le feptiefine
Ianuier, mil fix cens deux, fignées, Par le Roy,
Forget, & feellees fur fimple queuë de cire iaune,

par lesquelles sadite Majesté mande & enioinct à
ladite Cour que sans s'arrester audict Arrest toutes choses postposees & difficultez cessantes, elle
aye à proceder à ladite verification pure & simple
dudit Edict, les conclusions du Procureur general du Roy, & tout consideré, La Cour ordonne
que lesdites lettres en forme d'Edict, ensemble
lesdites lettres de Iussion, seront enregistrees au
greffe d'icelle, à la charge que ceux qui sont à present pourueus desdicts Offices de iaugeurs, ne
pourront estre contraincts de financer pour l'heredité, & que les differens qui interuiendront en
l'execution dudit Edict, circonstances & dependances d'iceluy, seront traictez pardeuant les E-
leuz en premiere instance & par appel en ladicte
Cour & non ailleurs. Prononcé à Paris en ladite
Cour des Aydes, le vingt-neufiesme iour de Ianuier l'an mil six cens deux.

    Ainsi signé,   B E R N A R D.

Autre Arrest de la Cour pour les Marchans de vins.

E N T R E les trente quatre Iurez, Védeurs, Contrerolleurs de vins à Paris, appellans des sen-
tences donnees par le Preuost de Paris ou son
Lieutenant, le douziesme Aoust, & quatorziesme
Nouembre mil six cens six, & demandeur à l'entherinement des requestes presentees les vingt-
neuf Nouembre & premier Decembre audit an.
Les Preuost des Marchans & Escheuins ioincts a-
uec eux Mathurin Labert fermier de vin en gros,

& Iean Guiard fermier de vin en deſtail, auſſi in-
teruenans d'vne part : Et les maiſtres & gardes de
la communauté des marchans de vin , hoſteliers
& cabarettiers de Paris, & ſuiuans la Cour intimez & defendeurs d'autre, ſans que les qualitez
puiſſent preiudicier à l'inſtance appoinctee au
Conſeil par Arreſt donné entre leſdictes parties
le vingt-vnieſme Feurier mil ſix cens ſix. Veu par
la Cour les grand Chambre, Tournelle & de l'E-
dit aſſemblees, L'Arreſt donné entre leſdites parties le vingt-huictieſme Iuin ſix cens ſept, par lequel elles auroient eſté ſur leſdites appellations
appoinctees au Conſeil à eſcrire & produire ce
que bon leur ſembleroit dans quinzaine, laquelle paſſee, ſeroit fait droict ſur ce qui ſe trouueroit
pardeuers ladite Cour ſans autre forcluſion ny ſi-
gnification de requeſte. Autre Arreſt du quatorzieſme Aouſt mil cinq cens ſoixante dixſept, Entre leſdicts appellans demandeurs en execution
d'Arreſts : des neuf Auril & quatorzieſme Nouembre mil cinq cens ſoixante quinze & en contrauention à iceux le Procureur general du Roy
ioinct auec eux d'vne part, & Iacques Blanchon,
Anthoine Foucault, Iean Bordier, Adam Heberdeau, Pierre Prud'homme, Nicolas Lambert, Mathurin Oudart & conſors, Marchans de vin de
ceſte ville de Paris defendeurs d'autre, par lequel
apres que les Preuoſt des Marchans & Eſcheuins
auroient eſté ouys en leurs remonſtrances , les
Officiers du Chaſtelet, Iuges de la Police , & aucuns notables Bourgeois de ceſte ville auroient
eſté

esté ouys d'office, ladicte Cour auroit fait defenfes à tous les Marchans de vin de cefte ville d'a-
cheter ou faire acheter vin par perfonnes inter-
pofees ny autrement, directement ou indirectement, pres & és enuirons de ladite ville de vingt
lieuës & fpecialement és villes declarees en iceluy, & enioinct à eux aller achepter ledit vin és
endroicts & païs plus efloignez que lefdites vingt
lieues d'icelles ville de Paris. Ordonne que lefdits
marchans feroiét venir en ladite ville les vins par
eux acheptez incontinent fans feiour pour y eftre
vendus en gros ou en detail. En gros quand ils auroient amené leur vin fur le port de Greue & declaré à l'Hoftel de ville leur arriuage auquel cas
ils feroient fubiects au rabais comme marchans
forains de huictaine en huictaine, & qu'ils ne
pourroient encauer lefdits vins, qui demeureroient fur le port fuiuant les Ordonnances de la
ville, & en detail quand ils auroient amené ledit
vin que incontinent ils le feroient encauer fans le
laiffer fur le port ny l'expofer en vente fur iceluy,
auquel cas le pourroient defcendre au port fainct
Paul ou des Celeftins, fans le faire defcendre au
port de Greue. Auquel port de Greue ladite Cour
auroit enioinct aufdicts marchans faire defcendre tous les vins qu'ils voudroient vendre en gros
à peine de confifcation d'iceluy, s'il fe trouuoit
que lefdits marchans en euffent fait defcendre au
port du Louure ou ailleurs, lequel port de Greue leur feroit commun auec les marchans forains
à la charge d'vne diftinction & feparation qui fe-

I

roit faite que lefdits marchans forains peuſſent occuper le haut ou le bas le plus commode pour eux, & qu'il ſeroit aduiſé par leſdits Preuoſt des marchans & Eſcheuins, & que leſdits marchans auroiét banderolles au haut de leurs bateaux aux armoiries de la ville pour eſtre diſtinguez & ſeparez deſdits forains, leſquelles Banderolles ils ne pourroient oſter à peine de cent liures pariſis d'amende ou plus grande ſ'il y eſcheoit, & que leſdits marchans ne pourroient ayant ouuert leurs caues pour faire tauerne, içelle refermer pour quelque occaſion que ce fuſt iuſqu'à ce que leur vin eſtant eſdites caues fuſt vendu en detail, & fait defenſe auſdits Marchás aller acheter & arrer leſdits vins ſur le ſep, & és cuues & preſſoirs, auparauant que leſdits vins fuſſent preſts à charier & mener, à peine de confiſcatió deſdits vins, & punition corporelle ſ'il y eſcheoit, & d'aller au deuant deſdits vins deſtinez pour eſtre amenez en ceſte dite ville, & pour ceſt effect qu'iceux Marchans ſeroient tenus incontinent qu'ils ſeroient arriuez exhiber à l'Hoſtel de ville leurs lettres de voiture & faict defenſes d'achepter aucuns vins ſur le port des Marchans forins: Et ordonne que nul homme de meſtier ne ſeroit receu à faire traficq de vins qu'il n'abandonnaſt ſon meſtier ou eſtat, & que ceux qui ſe voudroient meſler de ladicte marchandiſe de vin ſeroient tenus ſ'aller inſcrire en ladite maiſon de Ville, dont ſeroit faict regiſtre, & defendu aux Cabaretiers d'acheter aucuns vins aux cháps, ains ſeulemeat en ladite ville ſur le port, & de-

fendu aufdits Cabarettiers vendre finon à certain
prix qui leur feroit prefix à la police & enioinct
audit Preuoft de Paris, fes Lieutenans Commiffaires du Chaftellet, Preuoft des Marchans chacun
pour leur regard faire obferuer & garder foigneufement & diligemment ledit Reglement &
aufdits Iurez vendeurs denoncer à la Iuftice les
fraudes & monopolles qu'ils defcouuriroient au
faict de ladite vente de vins , & faire bon & fidel
regiftre & controlle des vins qui feroient amenez
pour vendre audict port de Greue leur defendant
faire aucun trafic de vins fur peine de priuation
de leurs eftats f'il y efcheoit, & aufdits marchans
de faire l'eftat de iurez vendeurs : Et defenfes tant
aufdits iurez vendeurs, que marchás de vins prendre les fermes des impofitions qui fe leuent fur le
vin, ny s'affocier efdictes fermes , & condamne
lefdits marchans de vins aux defpens.   Arreft du
Confeil priué du Roy obtenu par lefdits intimez,
le 10. Octobre 1599. Par lequel auroit efté ordonné au Preuoft de Paris ou fon Lieutenant Ciuil
informer fur la commodité ou incommodité de
la vente & trafic de ladite marchandife de vin de
cefte ville de Paris , pour l'information raportee
audit Confeil y eftre pourueu & cependant lefdits
marchans de vin iouiroient par prouifion de leur
ancienne liberté de vendre & acheter vin tant en
gros qu'en deftail , en tous lieux & endroicts que
bon leur fembleroit. Autre Arreft du Confeil obtenu par lefdirs intimez le 30. Decembre 1602. en
confequence du precedent par lequel auroit efté

I   ij

enioinét audit Lieutenant Ciuil proceder au faiét de ladite information, & cependant que lefdicts marchans de vins feroient maintenus & gardez en la iouyffance de leurs anciens priuileges & libertez pour le fait dudit trafic de vins ainfi qu'il eftoit contenu audit Arreft du 10. Octobre, fans qui leur fuft donné aucun trouble ny empefche-ment en vertu dudit Arreft de l'an 1577. des iuge-mens donnez par ledit Preuoft des marchãs. Lef-quels iugemens comme contraires aufdictes let-tres & Arreft demeureroient caffez & annullez, & la cognoiffance interdicte audict Preuoft des marchans & à tous autres Iuges, & icelle refer-uee audit Confeil Priué. Arreft donné au Confeil le trentiefme Mars mil fix cens fix, entre lefdi-tes parties, par lequel leur differend auroit efté renuoyé par deuant ledit Preuoft de Paris ou fon Lieutenant Ciuil. En premiere inftance & par ap-pel en ladite Cour, lettres patentes obtenuës par lefdits appellans le 29. Mars 1607. par lefquelles le diferend d'entre lefdites parties auroit efté ren-uoyé en ladite Cour. Nonobftant lefdits Arrefts dudit Confeil priué, des dix Octobre mil cinq cens quatre vingts dixneuf, & 30. Decembre mil fix cens deux: Lefdites fentences defquelles a efté appellé, & requeftes par lefquelles fentences ledit Preuoft de Paris ou fon Lieutenant Ciuil auroit entre autres chofes fait defenfes de troubler & empefcher lefdits marchans de vins en la liberté de vendre & acheter vin iufques à ce que le difere-rend d'entre lefdites parties euft efté vuidé, plai-

doyez & productions defdites parties, contredits
& faluations, conclufions du Procureur general
du Roy: Et tout confideré, Dict à efté que ladite
Cour a mis & met lefdites appellations, & ce dont
a efté appellé au neant fans amende & defpens de
la caufe d'appel. A ordonné & ordonne que ledit
Arreft du quatorziéme Aouft mil cinq cens foixante dix-fept, fera gardé & obferué felon fa forme & teneur, enioinct au Preuoft de Paris ou fon
Lieutenant Ciuil le faire executer & au fubftitut
du Procureur general au Chaftelet, tenir la main
à l'exec"utió d'iceluy. Et aufdits Preuoft des Marchans & Efcheuins, ou l'vn d'eux, fe tranfporter
deux iours la femaine fur le port de Greue & fur
l'eftape & pouruoir à ce qu'il n'y foit contreuenu. Ordonne que le prefent Arreft fera leu & publié audit Chaftelet l'audience tenant, & regiftré
au Greffe dudit Hoftel de ville, Prononcé le 26.
iour d'Auril, l'an 1608.
     Signé,   Dv TILLET.

Le contenu en l'Arreft cy deffus tranfcrit a efté leu &
publié en ingement denant vous au parc Ciuil du Chaftelet
de Paris, l'audience tenant en la prefence & ce requerant
les gens du Roy audit Chaftelet, dont M. Pierre Surle-
mont Procureur des trente-quatre Iurez vendeurs & con-
trolleurs de vins à Paris, nous a requis & demandé acte
à luy octroyé ces prefentes, pour luy feruir & valloir en
temps & lieu ce que de raifon, ce fut faict & donné par
François Miron fieur de Tramblay & de Lignieres Con-
feiller du Roy en fes Confeils d'Eftat & Priué, & Lieu-

tenant Ciuil de ladite Preuoſté, tenant le ſiege. Le Mardy 29. iour d'Auril 1608. Signé, LE BVTEVX.

Leu & publié le contenu en l'Arreſt cy deſſus eſcript à ſon de trompe & cry public par ordonnance & mandement de Meſſieurs les Preuoſt des Marchans & Eſcheuins de la ville de Paris cy deſſus tranſcripte ſur les ports aux vins le long de la riuiere, & au deuant de la maiſon de Ville par moy Simon le Duc Crieur Iuré du Roy és villes, Preuoſté & Viconté de Paris, ſoubſigné, accompagné de Claude Poutteur, & Mathurin Noyret iurez trompettes dudit ſeigneur eſdits lieux & d'vn autre Trompette. Le Mercredy trentieſme iour d'Auril mil ſix cens huiĉt.
Signé,   LE DVC.

De par le Preuoſt des Marchans & Eſcheuins de la ville de Paris.

IL eſt ordonné au Iuré Crieur & auſdits Trompettes de ladite ville, de publier à ſon de trompe & cri public ſur les ports de ceſte ville de Paris, l'Arreſt de Noſſeigneurs de la Cour de Parlemét du 26. du preſent mois, donné entre les Iurezvendeurs & contrerolleurs de vins d'vne part, & les maiſtres & gardes de ladicte marchandiſe de vins d'autre. Fait au Bureau le trentieſme Auril mil ſix cens huiĉt, ſigné Clement, par Ordonnance de mettre l'original de la preſente Ordonnance pardeuers moy Crieur iuré du Roy ſous-ſigné.
LE DVC.

Regiſtré au Greffe de ladite ville le 2. May 1608.
Signé,   COVRTIN.